反核シスター

ロザリー・バーテルの軌跡

ROSALIE BERTELL / Scientist, Eco-Feminist, Visionary

メアリー＝ルイーズ・エンゲルス 著
中川慶子 訳

緑風出版

Rosalie Bertell:
Scientist, Eco-Feminist, Visionary
by Mary Louise Engels

日本の読者のみなさまへ

日本語版の『反核シスター——ロザリー・バーテルの軌跡』に「まえがき」を書かせていただくのはとても光栄です。ロザリーさんは現代のもっともすぐれた反核活動家に数えられる人物です。ロザリーの愛してやまない日本、その日本の読者に首尾よく本書を提供してくださることになった翻訳者、出版社に心からおめでとうと申しあげます。

十代のロザリーがもっともショックを受けた経験は一九四五年に日本に原爆が投下されたというニュースを聞いたこと、そして母親が即座に「あんなことしてはいけない、するべきじゃなかったのよ」とつぶやいたのを聞いたことでした。

後にロザリーはガンの研究者となり、放射線の危険な影響を研究して核産業から攻撃され、身の危険にさらされるようになりました。世界をまたに掛けて講演活動をするなかで、ロザリーは何度か日本を訪れています。一九七八年に原水禁主催の第三三回原水爆禁止世界大会に招待されたことを、彼女はとても光栄に感じました。後々ロザリーは、いつまでも心に残っているのは、被爆者の家にホームステイして、話を聞いたこと、そしてその話をけっして忘れまいと心に決めたことだと回想しています。健康に恵まれず、いろいろな困難や激しい反対にあったにもかかわらず、ロザリーは、放射線はどんなレベルでも生き物に対して安全ではないとのメッセージを発信し続けました。

本書が書かれたときには、原子力産業は目に見えて衰退していました。しかし、最近は地球温暖化への関心からその流れが変わってきました。世界中で新しい原子炉が建設中だったり、計画中だったりしています。「クリーン」なエネルギー源だとして原子力産業が精力的に推進しています。核兵器を所有する国の数も増え続けています。ロザリーが一貫して主張してきたのは、民間の核産業が核兵器の開発と密接不可分に結びついていること、採掘や砕石から製造にいたるまで、この産業は生産のどの段階においても危険だということ、そして廃棄物が地球とその上に住む者たちに長く続く毒の遺産を残すということです。何年にもわたってロザリーは、地球温暖化や環境汚染を修復するのに手遅れにならないうちに、政府は再生可能エネルギーに巨額な投資をするべきだと訴えてきました。

ひとりひとりの人間が世界を変えられるのだということを、ロザリー・バーテルの人生は私たちに教えてくれます。「私たちは、地球を大切に思い、地球に豊かな実りを与えてくれる生命を大切に思い、正義が重んじられ、子ども達が大切に育てられ、平和がいきわたる世界を大事に思う人々の大きな鎖の一部なのです」とロザリーは書いています。

他の国よりも核産業の被害に苦しめられてきた日本でこそ、この傑出した女性の人生と言葉がいつまでも人々の気持ちを動かして、「地球を大切に思う人々の鎖」の一部になりたいと誘ってくれることでしょう。

二〇〇八年二月二八日

メアリー＝ルイーズ・エンゲルス

【凡例】

＊本書はEngels, Mary-Louise. *Rosalie Bertell:Scientist, Eco-Feminist, Visionary*. Toronto: Womens Press Canada, 2005の日本語翻訳版である。

＊地名には州や国名追加した。

＊日本語の後につける英語の略号、あるいはその逆は（　）に入れた。

＊原文の注は〔　〕で、訳注は［　］で囲んだ。

目次

第5章　花開くとき　123

はじめに

人生の方向が変わったのはあの一九七三年の夕方だった、とロザリー・バーテル博士は明言する。ロザリーはニューヨーク州バッファロー近くの村の会合で、期待の面持ちで集まっている聴衆の前に立っていた。近くに原子力発電所の建設計画がもち上がったので、ロックウッドの村人たちがロザリーの話を聞くために集まっていた。疫学者であり、生体測定専門家であり、修道女であるロザリーは、低レベル放射線の危険性について物静かに、説得力ある口調で語った。X線が白血病の引き金になるという自身の研究について話し、ついでミシガン州の核施設付近でガン死と低体重児の増加が見られるとの医学報告を紹介した。ロザリーの主張は明快だった。その後まもなくして、ロックウッドの住民は原子力発電所の建設計画を投票で否決した。「だから、私は勝利から出発したことになりますね」とロザリーは回顧する。

その日のロックウッドでロザリーは反核活動家としての新たな役割の大きな一歩を踏み

出したのだ。将来の天職の主な要素はすべてそろっていた。それは、この上なく豊かな財力を持った核産業が事業を拡大するために、大衆の同意を得ようとやっきになってつむぎ出した物語の欠陥を指摘すること、強力な相手に向かって市民、とくに女性たちと連帯すること、子どもたちには安全で健康的な環境が必要であるとの要求を推し進めることだった。

戦争や平和のために核エネルギーを利用したことは、まずまちがいなく二〇世紀でもっとも重要な出来事だった。核兵器は戦争と平和の様相を永遠に変えてしまい、これ以後全面戦争は「不可能」となったが、たえざる戦争準備のためにかかる費用は空前の額にのぼった。核エネルギーは世界中の進歩と繁栄の手段を約束し、安全・クリーン・安価な電力を供給した。核エネルギーの危険性について、初期の段階では十分に理解されていなかったし、組織的に隠されてもいた。二〇世紀も後半になると、この新技術とそれが残す有害廃棄物が地球の生命を破壊するだろうという恐ろしい見通しが徐々に明らかになってきた。

何年もの間、合衆国政府は核の物語を厳しく統制してきた。広島への原爆投下後の合衆国占領軍は放射線の影響研究を統制し、生者・死者を問わず最初の爆弾の影響を受けた者についての書き物、撮影、映画を検閲した［訳注　検閲は一九四五年から四九年にわたって行われた］。放射線の影響に関する真実を覆い隠そうとする秘密主義の政策は、引き続き多くの犠牲者をあとに残すこととなった。カナダ北部のウラン鉱夫、核兵器産業や原子力発電所の労働者、それらの施設の近辺に住む住民たちも犠牲者となった。また、ヒロシマ・ナガサキの放射能や核実験の死の灰をあびた兵士たち、ネバダの核実験サイトの風下に住むアメリカ人、その他大勢の人たちが病気や就業不能や死に襲われた。したがって子孫たちは、遺伝的損傷とともに、長寿命の放射能汚染が環境中に長らく存在するという二重の危険にさらされている。放射線の影響や危害、核のごみ問題が解決不能であることについての知識が進むにつれ、カナダやアメリカの人たちは政府や会社の説明責任をより強く要求するようになった。

ロザリーは何十年にもわたって放射能の秘密をあばき、公表させるために奮闘してきた科学者、研究者、活動家の中のひとりである。アメリカ、カナダの市民として、世界市民として、核エネルギーの公式物語以上のものを見ようと心に決めた。ロザリーが自らに課した使命は過去・現在・未来世代のこうむる放射線の影響を白日のもとにさらけ出す――「犠牲者を目に見える場所に出す」――ことだった。二〇〇四年の今、西欧世界の巨大核産業は頼りなげな様子である［訳注 著者のまえがきにあるように、二〇〇八年の今、巨大核産業は勢いを盛り返している］。そしてロザリーは、齢七五にして、強力な核エネルギー産業の侮りがたい批判者として、したがって検閲・中傷・脅迫の対象として生きてきた三〇年を振り返る。

これから綴るのはロザリーの物語である。

第1章

この世界に招き入れられて

一九二九年の誕生日から六日目にロザリー・バーテルは肺炎にかかった。両親のポールとヘレンは最初の息子を幼児のときに失っているので、しばらくの間は、四人の子どものうち三番目のロザリーも長くは生きられないかもしれないと案じた。しかし、手厚い介護を受けたおかげで生き延びたが、肺炎との一本勝負は、子ども時代からおとな時代を通じて襲ってきた病気の最初の一撃に過ぎなかった。幸いにも、ロザリーには助けてくれる頼りになる家族がついていて、体力を向上させるとともに、健康上の問題に思いやりを持って対処してくれた――しかも、そういうことは一度や二度ではなかったのだ。

ロザリーの父ポール・バーテルはニュージャージー州出身の四代目アメリカ人で、ドイツ・オーストリア・フランス系、母ヘレン・トゥーイー・バーテルはオンタリオ州ポート・コルボーン出身の四代目アイルランド系カナダ人である。医者の父親がプロヴィデンス・リトリート病院の責任者になったときに一家はバッファローに越してきた。こんなわけで、ロザリーは生まれながらにしてアメリカとカナダ両方の市民権を持つことになった。ポールは、叔母［訳注　ポールの母親の妹］のロザリー・ウルフに会いに行ったときにヘレンと出会った。この叔母は病院の薬剤師をしており、「ドーター・オヴ・チャリティ（慈悲の娘）」［訳注　国際的なカソリック修道女の組織］の修道女だった。健康の専門家であるという点で、ロザリーという名をもらった子どもにとってこの大叔母は重要なお手本となった。

ロザリーが育ったバッファローは船舶、産業、製造業の重要な要所で、少し離れたオンタリオ州の中心地と密接に結ばれていた。この活気に満ちた都市には日刊紙が四紙あり、本格的な劇場が五つあり、人口は百万を超えていた。エリー湖の湖畔に位置し、宝石のような建造物と美しい公園、一九〇一年に開かれた汎アメリカ博覧会の遺物が光彩を放っている。元来は豊かな農地があったので移民を惹き付けたのだが、一九世紀にエリー運河の起点に選ばれてからは、交通の要所として栄えた。

ロザリーが幼児のころに一家はバッファローの北にあるケンモアに引っ越し、三歳のときデトロイトに移り、六歳のときにまたケンモアに戻った。ケンモアの郊外は一九世紀の後期に三車線の道路に沿った高級住宅地として建設され、工業都市バッファローの喧騒から逃れることのできる緑豊かな場所だった。バーテル一家はしっかりと団結した、信仰心の厚い家族で、その生活は家庭、教区の教会、学校、仕事に集中していた。

多分ロザリーが虚弱だったので、さらに一家が結束したのだろう。「大学を出るまで毎年一、二ヵ月学校を休んでいましたね」とロザリーは回想する。「肺炎だったり、猩紅熱だったり、水疱瘡だったり、百日咳だったり、はしかだったり。はじめて肺炎にかかったのは生後六日目。主治医が母に、原則として時々学校を休ませるようにと忠告していたのです」。

姉のメアリー・キャサリンは美術教師になったが、定年退職後はロザリーを助けて、膨大な通信を処理した。兄のジョン・トゥーイー・バーテルは犯罪弁護士となり、長年バッファローで開業していた。ロザリーが法的な、または兄としての忠告や確認を必要としているときにはたびたびロザリーをしっかりと支えた。

遺産――健康・行動力・企業心

ロザリーは父方・母方双方の家系に健康の専門家がいることを誇りに思っている。「私の家系には健康の専門職につくという歴史があり、それは、オーストリアにある何世紀もの歴史を持つ保養温泉バーデン出身の曾祖母に始まるのです。父方・母方両家族から医者、薬剤師、看護師が出ています」とロザリーは回想する。自分が弱いもの、周辺にいるものに関心を持っているのは、楽観的で実際的な精神とともに、両親の影響だと思っている。自己の社会的活動のルーツを探っていくと、ロザリーは、白人の家庭で一日中働いて一時間以上もバスを待っている黒人女性にまつわる母のエピソードを思い出す。バスストップに黒人だけしかいなければバスが止まってくれないので、母は毎日夕方になると、バスが止まってくれるようにバスストップに行ってその黒人女性の隣に立っていた――そのうちバスの運転手がからくりを見抜いてしまったが。

一九二九年の株価の大暴落はロザリー家にはたいした影響を与えなかった。が、省みれば両親は未来に不安を感じていたのだ。「両親はとても怖がっていたし、倹約していたと思います。父は失業しませんでしたが、いい給料をもらっていたとは思えません。自分たちは貧乏だと思っていました。成長過程で大きな買い物をしたことはありませんね」。ロザリーのシンプルなライフスタイルへの嗜好や、ギリギリの収入しかないときにも何とか切り抜けることのできる能力は、子ども時代に培われたものなのだ。

ロザリーは父の才能とビジネス上の鋭い洞察力に敬服していた。「父は高校を中退したのに、とても複雑な数学や物理学や光学を独力で勉強しました。スタンダード・ミラー・カンパニーの社長になり、そこで昼夜兼用の自動車用の鏡を発明しました。父は私が数学で成功したことを喜んでくれたし、私のすることなら何でも喜んでくれましたね」と回想している。大学の休暇にロザリーは父のところで働いて、父の財政十年計画に手を貸し、法人組織について学び、父の企業家としての迫力から多くを吸収した。

学生時代——音楽・数学・宗教

ロザリーは自分のことを「生まれつきの恥ずかしがりや」と言うが、病身で、学校をよく休み、子ども時代に十分に友だちと遊んだり活動したりできなかったので、引っ込み思案になったに違いない。しかし、子ども時代に引っ込み思案だったといっても、ユーモアのセンスや、その後にできた多くの友人や賞賛者が感じる暖かくて魅力的な性格を育む妨げにはならなかった。それどころか、後にロザリーを誹謗中傷する者を大いに怒らせた、舌鋒するどく迫力のある意見を表明する性向を妨げはしなかった。

ロザリーは幼いときからひとりになったり、自分で学んだりするのが好きで、学校を休んだ期間の補習にも楽しみを見出していた。虚弱体質だったことや両親がそのことに繊細な態度で応じたことが、最初からロザリーにチャンスを与え、ロザリーの性格を作り上げた。体が弱いということは友人たちの社会的価値観に自分を合わせる必要がないので、知的能力や魂を鍛えることに集中できた。同時に、ロザリーがか弱いもの、とくに女や子どもの健康が危険にさらされている状態に関心をもち続けてきたのは、多分この病気がちな子ども時代に根があるだろうし、また、子どもをひとり亡くしている両親を親に持っていたからなのだろう。ところが、ロザリーは子ども時代、自分自身の健康に思い悩んだことはなかった。「ただそんなものだと思っていただけのことでしたね」。

低学年のころ、家にこもっている間「私はクラスの友だちに遅れを取らないように、自学自習することを覚えたのです」。八年生の末に大病をした後はいつも、「裏庭に座っていなさい、他の子たちと走り回ってはいけません」と医者から命じられていた。「友だちはしばらく私のところに来て遊んでくれたけど、すぐに飽きてしまいます。父がチェスの名人について書いた本を持ってきてくれたので、私は何時間も裏庭に座ってあらゆる勝ち手を考えました。おかげで私は家でも隣近所でも、チェスのチャンピオンになってしまいましたよ」。

ロザリーは幼少のころから音楽の才にめぐまれ、地域では数学の天才として名を馳せていた。四年生からピアノの練習を始め、高校でヴァイオリンとオルガンを始めた。学校のオーケストラで演奏し、教会の聖歌隊で歌い、家族で長旅をするときには車中で賛美歌を歌ったり、詩を書いたりして気を引き立てた。八年生のとき、音楽の先生が転勤になったとき、生まれてはじめて、この件について政治的な抵抗を試みた。ロザリーは級友たちをまとめ、音楽の先生が戻ってこなければ授業をボイコットすることにした。「とうとう校長が、新しい先生を受け入れなければならないことを私たちに説得してくれるように、以前の先生を呼んできました。その先生は、州の必修科目が取れていなかったので、取れるまで臨時講師をしていたのだと話してくれました。で、私たちはボイコットをやめたのです」。高校時代、激しく体を使わないようにと注意されたので、ダンスのピアノ伴奏をすることになった。

しかし、最初に好きになり、ずっと好きだった科目は数学だった。おかげで論理的・抽象的に物事を考えるのにとても役立ったとロザリーは考えている。ミシガン州デトロイトの生徒数の多い教区の学校に入学して学習を始め、同年ケンモアに帰ってみると、他の子どもたちよりも進んでいた。新しい先生が「さあ、これからアンズ《ands》とフロムズ《froms》とタイムズ《times》とゴー《go》・イントゥーズ《intos》のお勉強をしましょう」とクラスに呼びかけると、ロザリーは「それは足し算、引き算、掛け算、割り算のことですか?」と質問した。高校では数学を専攻科目とし、ニューヨーク州のあらゆる数学リージェンツ試験〔訳注　州の教育局主催の試験で、英語・英語以外の言語・数学・社会科学・科学などがある〕に満点を取ろうと決心し、そしてそれを達成した。

　ロザリーはまた、早くから敬けんな気質を示していた。特に宗教音楽に惹かれた。「はじめて七時のミサに歩いて出かけるのを許された日、母から聖餐にあずかったらまっすぐうちに帰るんですよ、と言い渡されました。私は聖餐を受けるとき、最前列でひざまずき、手で頭を支えて祈りました。そのとき素敵なことが起こったのです！　オルガンが響き、美しいラテン語の歌が聞こえてきたのです。私は天国にいるような気分になって、ボォーとしてそこにじっとしていました。どれほどの時間がたったのでしょうか、よくわかりませんが、兄が教会に現れて私を座席から引きずり出したのです。母が私を探しに兄を送ったのですね」。

　将来宗教の仕事に就く兆しは子ども時代に表れていた。「とても小さいころから私は修道院に入りたいと思っていました。どうしてそういうふうに思い込んでいたのかはわかりませんが」。ロザリーは「一心不乱に」人形たちと遊んだことを思い出す。年をとっても自分の子どもを持つことができないと、どういうわけかわかっていたのだ。「人形にはきちんとスケジュールができていて、かいがいしく面倒をみました。遊びが終わったころだと感じると、私はセント・ヴィンセント・ドゥ・ポール〔訳注　国際的なカソリックのボランティア組織〕の人たちを呼んで人形を全部片付けてもらいました。祖母が作ってくれた、小さな手編みのショールや赤ちゃん用品まですべてね」。

ロザリーは思春期のデートという儀式の喜びや悲しみを回避してきたようにみえる。「私はたしかに赤ん坊が大好きで、子どもを持ちたいという願いとたたかってきました。もし私を修道院に召されたいとお思いになるなら、この問題についてお助けくださいと神にお願いしたものです。私にロマンティックな興味をもたないようなボーイフレンドをお与えくださいと祈りました。そして、神は素敵な友達をお送りくださったのですよ。私たちはどんなパーティにも二人で出かけ、とても楽しく過ごしました。後悔したことなんか一度もありませんね」。後にその高校時代の友人は英語と演劇の教員になり、彼も結婚しなかった。「私の責任です」とロザリーは認めている。

一方ロザリーの高校時代を暗くしたものは第二次世界大戦だった。「神風」（日本の特攻隊機）がアメリカの太平洋艦隊に大破壊をもたらしたようなとき、地域から出て行った軍人の戦闘中の死亡者数をみれば、国中の犠牲者数がどれくらいになるかは推して知るべしだった。多数の死者を出す戦争の存在そのものが、宇宙は善であり人間の生命は神聖であるというロザリーの信念にたいする挑戦だった。日本に原爆を投下して勝利を得たことに、ロザリーは生涯消えることのない疑問を抱いた。

核爆弾

第二次世界大戦で原子爆弾を製造するというマンハッタン計画はニューメキシコ州のロスアラモスを拠点としていた。隠蔽と集中と管理の雰囲気の中でその計画は進展していたが、ドイツの科学者もまたそのような爆弾を製造しようとしていることがわかっていたので、さらに拍車がかかった。

二人のドイツ人科学者［訳注　リーゼ・マイトナーとオットー・フリッシュ］による一九三九年の驚異的な研究発表を基礎にして、その計画は構築された。核分裂――原子の分裂――が理論的に可能だというばかりではなく、すでに実験室で実現したことが、その論文で報告されていた。中性子を衝突させる時にどのようにしてウランの原子核を分裂させることができ、莫大なエネルギーを放出し、より多くの中性子を発生させるかを、二人の研究者は明らかにした。新たに発生した中性子は次のウラン原子を分裂させ、さらに大きなエネルギーとより多くの中性子を放出する。このようにして、一つの核分裂は「連鎖反応」を引き起こす。かれらの研究は世界中の実験室で核分裂実験の嵐を巻き起こした。

歴史上もっとも複雑な科学的事業に数えられるマンハッタン計画は、一九の州とカナダの二つの村にある施設を結んで運営された。ヨーロッパとイギリスの科学者の基礎的な科学的発見に頼ってはいたが、計画の立案者や職員は大部分がアメリカ人で、イギリス人やカナダ人の科学者が部分的に参加していた。戦時の極秘体制にあったので、最上層部にいる数人の科学者と軍の立案者だけが全体像を見ることを許されていた。この計画の存在そのものが米国議会に隠されていたし、副大統領にすら秘密にされていた。一九四五年七月一六日、トリニティとのコード名を持つ最初の原子爆弾がニューメキシコ州のアラモゴードで炸裂した。「狙いは空恐ろしい爆発を起こすことだった。……われわれは放射線にはまったく関心を持っていなかったのだ」と計画の医療職員代表ハイマー・フリーデルが語ったと後に引用されている。

翌月二発の原爆が投下された。広島には八月六日に、長崎には八月九日に。広島の爆弾はカナダとコンゴから採掘されたウラニウムから製造され、長崎の爆弾はプルトニウムから製造された。プルトニウムは原子炉でウラニウムから製造されるので、自然界にはほとんど存在せず、それまで知られていなかった。

核爆弾が爆発すると、太陽の中心部の五倍も高熱のエネルギーを持つ火の玉になる。同時に、ストロンチウム90、セシウム137、ヨウ素131のような不安定な放射性同位元素をはじめ、何十という異種の核分裂生成物が放出される。そのような核分裂生成物はそれまでにはなかったもので、最初の原子爆弾が爆発するまでは、人間の食べ物、空気、水の中には存在しなかった。このように、熱線と爆風の効果に加え、熱線と爆風が通り過ぎてもなお長く存在し続ける、音もせず目にも見えない放射能を放出するので、核爆発は物質の構造そのものを変えてしまった。

ロザリーの町では爆弾のニュースが熱狂的に受け止められたが、それは広く国中にみられる現象だった。「通りは喜びの渦でした。兄と友達は私がオルガンの練習をしている教会に走ってきて、力尽きるまで、二時間も鐘を鳴らし続けました。戦争が終わったのだ！　けれど帰宅してみたら、母は夕食の支度をしながら沈んだ様子で鍋をかき回しながら『あんなことしてはいけない、するべきじゃなかったのよ』とつぶやいていました。母はどうしてあのときわかったのでしょう。あの言葉はずっと私の胸に住み続けています」。

しかし公式には、その爆弾はアメリカのすぐれた技術の勝利だとして歓呼の声で迎えられた。最初の原爆を投下したときのトルーマン大統領の発表には、犠牲者のことも、放射線ということの爆弾のもっとも特徴的な新しい面についても言及されていなかった。この爆弾は

「宇宙の基本的なパワーを利用して」エネルギーの力を見せつけ、「増大するわれわれの軍事力を補い」、世界平和を保持するのを助け、革命的なエネルギー源となるかもわからないとトルーマンは述べた。

たいていの人はその爆弾のことを法外な威力を持った通常爆弾にすぎず――トルーマンは「もうひとつの武器にすぎない」と言ったのだが――戦争を終結させるために必要だったとして正当化されるものだと考えた。

戦争はけっして終結しない、とロザリーは信じるようになった。アメリカ政府は、ソ連邦からの脅威が感知される中で軍事的優位を維持しようと決心したので、核兵器開発をただちに続けた。一九四九年、ソ連が原爆を手にする。――そして、冷戦下の大量の核兵器増強が始まった。

そのころまでに、アメリカの太平洋上の核実験は盛んに行われていた。一九四六年に開始された核実験は六六回におよび、一九五八年まで続いた。また、一九四六年には一〇〇〇回におよぶアメリカ国内――たいていはネバダ核実験場――での実験が始まった。北アメリカに降ってきた放射性降下物の量はほぼ五〇年間秘密にされたままだ。しかし、役人が秘密にし、誤報を流したにもかかわらず、ごくごくゆっくりと科学者たちが核実験の人的被害を理解しはじめた。

大学の研究からミサイル製造へ

高校終了時に、ロザリーはふたつの奨学金、ニューヨーク州ロチェスターの音楽大学とバッファローのマーガレット・デューヴィル大学の一般教養の奨学金に合格した。バッファローの大学はロザリーが後に属することになる聖心灰色修道会の創立者でただ一人カナダ生まれの聖人の名をとって命名された。このとき、半身不随で盲目の祖母が同居していて、特別な介護を必要としていた。母が手助けを必要としていたが、姉は他市で教職に就いていたので、ロザリーはバッファローに残ってデューヴィル大学に通い、数学を専攻した。

大学では勤勉に勉強し、大学内の団体のいろいろな役職に選出され、一九五〇年には準優等で卒業した。しかしロザリーは幸せからは程遠かった。自分の将来についても、また世界の将来についても、問題意識にははっきりとした解答が得られなかったからだ。当時、核実験のため世界には暗雲が垂れ込め、一九五〇年には宣戦布告なく朝鮮戦争が始まり、ジョーゼフ・マッカーシーの推進する反共キャンペーンが出現していた。

「内的な空間」にもっと触れたいという欲求に駆られて、ロザリーはヴァーモント州にある、瞑想するためのカーミライトという女子修道会に入ろうと決めた。「私はあまりに活動に没頭しすぎて、今何が起こっているのかがわからなくなっていたので、世間から引き離される必要があると感じていたのです。カーミライト修道院に入ったのは正解でした。それはもっとも世間から隔離されたカソリックの宗教共同体でした。中に入ってしまうと、生活がすべて塀の中で完結します。普通の人は一生そこから出てこないのですよ」。ロザリーは人生の曲がり角に来ていた。生まれて初めて両親の意思に反して大きな一歩を踏み出そうとしていた。

家族の系図には牧師や尼僧がいたので、両親はロザリーが宗教生活、とくに教師として宗教生活に入るのには反対しなかった。しかしカーミライトの肉体的修練は娘の健康を害するのではないかと心配した。ところが、ロザリーは決心を変えなかった。「私は何でもできると思いこんでいたのです」。事前にはじめてカーミライトで使われている重い修道尼の服を着たときでさえ、ロザリーの決心は変わらなかった。「息もできなかったのですよ。……両親は私がその重い服に耐えられるかどうか議論しあいました」。

しかし、修道院に入るには二〇〇〇ドルが必要だった。「それは修道院に入るための持参金で、そのときの私にとってはとんでもない大金でした」。持参金は一種の保険のようなもので、シスターが修道院を出る羽目になって、ふたたび外界に順応しようとすると経済的な援助が必要になるからだ。ロザリーは自分の食い扶持を自分でまかなうことを尊重するように育てられてきたので、高給の取れる職探しを始めた。少し探すと、いい仕事が見つかった。ベル・エアクラフト社の技術部門で誘導ミサイルの基礎研究をする仕事だった。

将来修道女になろうという、物静かで勉強好きの女性にとって、それは奇妙で活気に満ちた新世界だった。試験飛行をするごとに、ロザリーはデータを分析した。「私は連邦捜査局（ＦＢＩ）のセキュリティチェックを受け、机の間を武装した人たちが巡視している事務所で働きました。日中席をはずすときには、書類を机の引き出しにしまって鍵をかけなければなりません。夜仕事を終わって退出するときには魔法瓶の中まで検査されました。書類を持ち出していないかどうかを確かめるためです」。

スパイ小説もどきの雰囲気であるにもかかわらず、その仕事はロザリーの理想主義を刺激した。自分たちは危険がなくて正確な未来の武器を造っている開拓者だと、働いている人たちは思い込んでいた。ミサイルは軍事目標だけを狙い撃ちし、もう病院や学校などは狙わないので、戦争に革命をもたらすだろう。「そのような爆弾を発明することによって、自分は人類に素晴らしい貢献をしているのだと思い込まされ、私はすっかり信じていたのですよ」。

高校、大学時代にロザリーは自分の数学の才能を抑えねばならないと感じることがたびたびあった。ベル・エアクラフトでは逆に、数学的な技量と才能が賞賛された。「ミサイルを打ち上げた際、試験飛行中に逆向きになっていたのかどうかわからなかったとき、とても興奮したのを覚えています。もしひっくり返っているとすれば、あらゆる機器が通常の位置と反対になります。私は特別プロジェクトを組んでその問題に取り組み、ミサイルをもう一度打ち上げずに済ますことができました」。

後にロザリーは多くの優秀な若者が軍から資金提供を受けた科学研究に吸収されるのを、たびたび非難した。ベル社で秘密のハイテク計画に携わった経験から、誘惑されるのがどんなに簡単かということを、そしてなぜそうなるのかということをずっと直感的に知っていたからだ。知的なチャレンジ感があり、卓越した能力が賞賛され、成果にたいして間違った説明がなされるのだから。何年もたって一九九五年の北京における国際女性会議で、ロザリーは核の「頭脳流出」に焦点をあてた。

若く知的な若者は、金と資源が注ぎ込まれる秘密の軍事計画に取り込まれます。そのような事業を行う国家は、世界支配のために「技術を利用」したいのです。頭脳流出は、医療や教育のサービスなどあらゆる民生の事業に悪影響を及ぼします。軍事的な利益が絡む領域と関係がなければ、研究資金を得ることはむずかしい。社会の経済的・知的な努力を軍事優先に傾けてしまうのです。

カーミライト修道院に入る

一九五一年九月、持参金がたまったので、ロザリーは宗教生活に入った。二二歳だった。カーミライト修道院はヴァーモント州バリの町を見下ろす草深い丘に堂々と聳え立っていた。そこでロザリーはあくせくした世間から身を引き、静かな生活に入ろうとしていた。修道院生活は、自然と調和した瞑想的な生活スタイルを選ぶことであり、世界を変える方法としてロザリーの心に訴えた。孤独の中でじっと耳をすますことによって強くなったという感覚を得ることができたのだが、これは修道院生活のおかげだと思った。

それまで学問の世界でがんばり競争してきた経験とは対照的に、現在だけを大切にするカーミライトは安息の地だった。「そこにいる人たちは、評価されたりテストを受けたり将来に備えたりしようとしていません。今日が豊かな姿でそこにあり、とても貴重なのです。仕事は競争ではなく協働であり、個人的ないざこざは無視されることなく、解決されます」。カーミライトの生活は、一生涯一エーカーの土地の上で、人びとの小さな集団とともに過ごすものだから、他者との友情が第一に必要だった。「今地球村でいざこざもなく過ごすのに私が使っている技術は、たいていあの問題続出の小宇宙で最初に身につけたものなのです」。

その変化は最初のころは自称「がんばりや」に益をもたらしたように思えた。脈拍が遅くなり、血圧が下がったのだ。

修道院は女性によって女性のために運営されており、メンバーの実践的な労働によって維持されていた。ロザリーの生活スタイルは劇的に変わった。「私たちは一メートル以上の溝をほり、パイプを通して、自前の灌漑設備を造りました。パイプのつなぎ方からセメント歩道の敷き方まで学びました。水道工事や基礎的な電気の知識も学びました。女性は十分に自給自足できるのだということがわかりましたよ」。ロザリーは自信を持つとともに、女性が実践的、管理的な能力を持つことにますます尊敬の念を深めた。ドアにペンキを塗ったり、帆布でサンダルを作ったりする中で、考える時間ができた――数学のミサイルの製造への応用について、太平洋で炸裂した核爆弾について、人類が破壊を偏愛しているかに見えることについて。

カーミライトの生活にはせねばならないことが多くあった。日々を過ごすための肉体労働ばかりではなかった。訓練の中には、たびたびの断食や、長時間の祈禱の義務があった。冬は五時に一日が始まり、夏は四時に始まって、日中一時間の昼寝が入った。修道女は一日に合計八時間、公式の祈禱をした。

五年間ここで過ごしているうちに、ロザリーはうっ血性心不全に陥り、一九五六年七月一五日に修道院を去らねばならなかった。心臓病の家系であることはたしかで、父、兄、父方・母方両方の祖母がみな心臓病を持っていた。しかし厳格な修道院生活によってロザリーの健康が損なわれたと疑わないものはなかった。

にもかかわらず、修道院の規律正しい日常生活にロザリーは生涯強い印象をもち続けた。「カーミライトでは一日にリズムをつけることを学びました。私が一日中働いていたと思う方もあるでしょうが、それは私を監視していなかったからです。カーミライトではそれぞれが自分のペースで生活します。……私は、夕方には音楽や読書を楽しみ、お祈りをして静かにときを過ごしていたのですよ」。

夏の終りまで家に帰って過ごし、九月から地域のカソリックの高校でラテン語とビジネス数学を教えた。「教職の（また宗教的な）世界に入ってやっていけるかどうかを見極めるために、私は教師をやってみたかったのです」。

翌一九五七年の夏、ロザリーはワシントンＤＣにあるアメリカ・カソリック大学の修士課程に入り、もう一人の学生と一緒に大学の近くに下宿した。ロザリーはふたたび財政的な独立を試みた。父が電話代や帰郷のための飛行機代を支払ってくれはしたが、ロザリーの言葉を借りれば、部屋を借りたが食事の支度はしたくないという学生のために夕食を作り、それを売って学資をかせいだのだ。一九五八年夏には修士課程を終えたが、卒業式は一九五九年の六月になった。

灰色修道女《グレイナン》になる

一九五八年の秋には体調が快復したので、他の宗教組織、聖心灰色修道会に入った。ここでの生活はカーミライトほど肉体的にきつくはなく、その社会活動や教育をロザリーはとても大切にした。女性がたくましく自立していて、地球的規模でものを考え、病者・弱者・周縁の人たちへの奉仕を伝統としていることに、ロザリーは誇りを持っていた。

ロザリーによれば、灰色修道会は、北アメリカで医療と社会事業の歴史を持っており、一七三六年ごろケベック州のモントリオール総合病院に端を発して、世界に広まった。この歴史ははっきりとロザリーの健康にたいする関心に影響を与えた。

修道会は夫を亡くした二九歳の二児の母親マルガリーテ・デューヴィルが創設したものだった。バッファローにあるロザリーの母校は彼女の名をとって名づけられたもので、マルガリーテは病院の財政を維持するためにビール会社を経営していたが、病院ではフランスや英国の兵士とともに先住民の世話もしていた。マルガリーテは三人の修道女と共に、北米ではじめて福祉の家を開き、売春婦や老人や援助を必要とする人びとを支援した。他の多くの女性の宗教団体とは違い、灰色修道会は男性が主導権を握ることを許さなかった。もともとは入植者とともに幌馬車に乗って西部へ旅していたが、現在ではカナダ北部、南アメリカ、アジア、アフリカなどの地域で奉仕活動をしている。

ロザリーは灰色修道会にとどまり、その宗教的信念や献身が日常生活の感情的精神的な支えとなっていた。さらに、カソリック信仰のもとで成長する中で、社会悪をただす方法を見つけ出したいというやみがたい情熱を強めていった。ロザリーは、一九六二年の第二回バチカン会議における公式見解から受けたインスピレーションについてたびたび語る。そのとき、カソリック教会の方向転換を議論するためにヨハネ・パウロ二世と何百人もの司教がローマに結集し、世界とかかわることを強調したのだ。

ロザリーは修道院で他の修道女たちと共同生活を続けたが、灰色修道会の規則はカーミライトほど厳しくはなかった。「一九六八年ごろにそれまでよりも一般に近い服装をしはじめました。また、日課も短くなり、義務づけられているたくさんのお祈りも、個人個人がそれぞれ都合のいいときにするようになりました。第二回バチカン会議のあとでは、行動的な宗教活動が聖職の最重要課題となったのです」。つまり、他者への奉仕の義務が重視されるようになったのだ。柔軟性が認められ、厳格さが減った分だけ祈りの生活が深くなったので、多くの女性宗教者はその変化を歓迎したとロザリーは信じている。

新しい修道院の励ましの下で、ロザリーはペンシルヴェニア州の聖心灰色短期大学で四年間、専任教員として数学を教えた。一九六三年に新たな門が開かれた。国立衛生研究所から数学の博士号を取得するための奨学金が提供されたからだ。当時、数学者を物理学や化学の領域から出して、生物学の領域で応用させたいとの国家的な計画が進んでいた。「私がすでに知っているものを深めて、生命組織を理解するために利用することに興味があったのです」とロザリーは説明している。

身体がどのようにして体温や血圧を恒常的に保つかなどの恒常性《ホメオスティシス》の経過を研究するうちに、ロザリーは複雑な生物学の過程を数値化する方法を学んだ。外部からの物質をふるいにかける腎臓膜を研究するプロジェクトにより、異質なものの導入が有機体をいかにかき乱すかという感覚をロザリーは会得した。この種の知見は、放射線が人間の臓器や細胞組織にどのような影響を与えるかの問題に取り組む重要な科学的バックグラウンドとなった。一九六六年に博士の学位を取得したとき、ロザリーはワシントンＤＣの数学における最優秀大学院生賞を授与された。学生時代にはまたカッパ・ガンマ・パイ名誉学術協会とシグマ・エクシ名誉科学研究協会の会員資格を与えられた。

大学院生時代と卒業後、ロザリーはフィラデルフィア、アトランタ、バッファローのデユーヴィル大学で教鞭をとった。とくにロザリーは、学生が自分たちの能力に自信をもち、数学・物理学・化学・生物学を楽しみながら学べるように、革新的な教材を作成するのを楽しんだ。一九七三年、傑出したアメリカの教育者賞を受賞した。

しかし時が経つにつれ、高度の計量生物学を学んだのにそれを利用していないではないかというフラストレーションを振り払うことができなくなった。さらに、多人数クラスや教授の手順上のいざこざによって病気の症状が引き起こされた。はっきりした病名はつかなかったが、極端な低血圧と極度の疲労感が現れた。ロザリーは研究生活に軸足を移し、一九七三年にデューヴィル大学を辞職した。

教職を辞してから、ロザリーは一九七〇年以来非常勤で勤めていた研究所の正規の計量生物学研究者として就職した。それはバッファローのロズウェル記念研究所で、世界でもトップクラスのガン研究所だった。さあこれからは研究に専念できるとロザリーは予想していた。しかし研究所も修道院も、ロザリーにとってまったくの隠遁生活とは程遠いものだった。外部の世界がいつもロザリーを新しく予想もしない方向に招き入れるのだった。

第2章

放射線の世界

博士号取得奨学金を手にして、ロザリーはロズウェル記念研究所の上級ガン研究科学者となり、一流の白血病研究プロジェクトに参加した。白血病は骨髄のガンで、白血球の増殖が制御できなくなる病気である。その研究はアメリカ北東部で白血病の罹患率が異常に上昇した一九六〇年代に始まった。ロザリーと多分野にわたる研究チームが、なぜ白血病の罹患率が上昇したのかという疑問を解くべく、数年間調査研究を続けた。

三州白血病調査

メリーランド・ニューヨーク・ミネソタ三州の白血病調査は、当時、それまで行われたうちで最大級の調査で、三州の白血病罹患率を調査するものだった。調査は六〇〇万人を対象とし、対象者に関して多くの情報——社会経済的な階層、病歴、人種、職業、治療歴等々——を集め、白血病に関してどのような結果が出るのかを待っているところだった。

「私が雇われたときは、集まったデータがコンピュータに入力されていて、評価が始まったばかりでした」とロザリーは回顧する。「たくさんの変数を検討した結果、私にもチームのだれにも明らかになったのは、白血病を引き起こす大きな要素は診断用医療エックス線だというものでした」。診断用エックス線が出すのは極低レベルの電離放射線なので、何年もの間無害だとされてきた。ロザリーは大人の被験者のデータを分析した。主要な結論は「エックス線を使うと肉体の老化が促進されて白血病が引き起こされる。その人はもはや白血病と闘うことができなくなる。白血病罹患率は年齢の低い人と高い人の両端で高くなる。小さな子どもはまだ免疫機能が十分に働かないので、老人と同様白血病にかかりやすい。白血病罹患率は一五歳で最低となり、徐々に上がっていく」。ロザリーの見解によれば、エックス線に被曝すると生物学的な老化の過程が早まるのだ。

エックス線が老化を早めるという考えは新しいものではなかった。実のところ、私たちが生れ落ちたときからさらされ続けている自然放射線が老化を引き起こす主要な原因だと、物理学者たちはずっと以前から考えてきた。自分の研究はこの関係を数学的に実証し、エックス線使用との関係を確立したのだと、ロザリーは結論づけた。「ただ生きているだけで白血病の罹患率は複利計算のように年におよそ五・三％上昇することを私は発見しました。胴体にエックス線を当てると、約四～五％の割合で上昇します。胸部や背骨にエックス線をあびるごとに白血病の罹患率が上がるのです」。

三州白血病調査の同僚たちもまた、子どものデータを調べてエックス線の強い効果を発見した。アーウィン・ブロス博士とナチムツ・ナタラヤン博士は、妊娠中にエックス線をあびた母親から生まれた子どもは、あびなかった子どもより一・五倍白血病にかかる割合が高いことを発見した。より下位のカテゴリーの中には、母体内でエックス線をあびた子どもの中には一般の子どもより五倍から二五倍も白血病の発症率が高いものもあった。

エックス線とガンに関する先駆的研究

エックス線から放射される低レベルの電離放射線の安全性に疑問を呈した知見を報告したのは、三州白血病調査が初めてではなかった。一九五八年にアリス・スチュワート博士*は小児ガンに関する先駆的な研究を英国医学会会報（ＢＭＪ）に発表していた。妊娠中にエックス線をあびた英国中の広範な母親に聞き取り調査をして、医師であり疫学者であるスチュワート博士は、エックス線をあびた胎児はガンの発症率が二倍になることを発見した。博士の研究は何年もの間、医学会や科学界の権威から嘲笑され、攻撃され、無視されていた。特に母親の医療歴について母親の記憶に頼っている点に欠陥があると批判者たちは主張した。「研究費を削られ意気をくじかれても、人間の放射線被曝という深刻な問題について自説を証明するためにアリス・スチュワートは系統的に研究を続けたのです」とロザリーはコメントしている。

ハーバード大学公衆衛生学部の疫学者ブライアン・マクマホン博士は、スチュワートの研究に興味をそそられ、母親への聞き取りではなく病院のエックス線照射記録を利用して、ニューイングランドにある三七の産婦人科病院で調査を行った。マクマホンはスチュワートの結果を立証し、さらにはエックス線をあびた母親から生まれた子どもはガン死の割合が四〇倍高いことを発見した。

この研究で重要な点はエックス線被曝とガンの発症との時間経過である。実は、調査から八年後にガンの発症がなかったので、マクマホンは否定的な結果になったことを発表するべく論文を書いていた。しかし研究の最後の年になって白血病が現れはじめたので、マクマホンはエックス線被曝から発病までには長い時間がかかることに焦点をあてて論文を書き直さねばならなかった。

＊アリス・スチュワート（一九〇六〜二〇〇二）エディンバラ大学の医師・公衆衛生の疫学者。一九五〇年代に、妊娠中にX線を浴びると、子供がガンにかかるリスクが二倍に高まることを発見した。以来、一貫して政府と軍、原子力産業を向こうに回し、低レベル放射線は有害である可能性があると訴え続け、自身の主張を裏づける新たな分析結果を発表した。米国原子力委員会（ＡＥＣ）の委員として最も傑出していた科学者である。ジョン・Ｆ・ゴフマン、カール・Ｚ・モーガン、トーマス・マンキューソとともに低レベル放射線の発ガン性を示す調査結果を示したことで解任された。八六年にバーテルとともに「ライト・ライブリフッド賞」を受賞。

非常に大量で広範囲の人びとを対象とした研究だったので、三州の白血病調査はエックス線とガンとの関係を見出したスチュワート博士とマクマホン博士の研究結果を確認するのに重要な役割を果たした。このような結果は医療用エックス線の許容レベルに関して深刻な問題提起をしたので、ロザリーと同僚は医療専門家からも放射線被曝の「安全」レベルを作った規制機関からも疎まれるようになった。

三州白血病調査以後、ロザリーは放射線とその人体への影響を研究することとなった。物理学・化学・生物学におけるロザリーのそれまでの研究は、放射線や、波動・粒子の形で空間・細胞組織を伝播するエネルギーに関するものだった。しかし、数学を専門としていたので、ロザリーは電離放射線が体内の原子や分子の構造を破壊することを発見するのにおおいに貢献したのだった。

電離放射線には、高いエネルギーを持つ（波長の長い）電磁波と、粒子線とがある。電磁波に含まれる電磁放射線には、エックス線、ガンマ線がある。一方、粒子線に属するものに、アルファー線（ヘリウムの原子核）、ベータ線（電子の流れ）、中性子線などがある［訳注 正確を期するため原文を少し変えている］。ロザリーは、既知の知見を吸収することからはじめた。その結果、この領域で重要な書物『危険はすぐには現れない――放射能まみれの地球を予測する』（No Immediate Danger 一九八六年）を出版し、放射線の危険性を広く世界に訴えた。

放射線物理学——基礎

物質形成の基礎をなす原子は、原子核の中央に群がっている比較的大きな粒子、陽子《プロトン》と中性子《ニュートロン》とその周りの軌道を回っているより小さな粒子、電子《エレクトロン》からできており、まるでミニ「太陽系」である。通常原子は電気的に安定している。つまり、中心でプラスに荷電された陽子の数とマイナスに荷電されて軌道を回っている電子の数が等しくなっている。中性子の数は変化することがある。

放射線は、物質の原子（や分子）にあたった時の一つの現象として「電離」（一つの電子がその物質の軌道から離れる）を起こす。しかし、放射線照射のように高いエネルギーで起こる「電離」によってできる「イオン」は、ふつうの化学反応や電気分解などでできる「イオン」とちがって、より不安定な「ラジカルイオン」（付対電子を持つイオン）となる。たとえば、生体内に豊富にある水分子の場合は、電子がたたき出された結果、プラスの電荷を持つラジカルイオンH^2O・+（・は不対電子を持つことを表している）ができるが、これは非常に不安定なので、すぐに分解、または他の水分子と反応して・OH（これもラジカル）を生成する。

一方、遊離された電子の方も、別途水分子と反応して強い還元作用を持つ水和電子やH・ラジカルを生じる。それらの反応性の高いラジカルや水和電子が生体内に生じることが、放射線のさまざまな生物影響を結果的に引き起こしている［訳注　正確を期するために、この段落は原文を少し変えている］。

原子における陽子の数でそれがどのような元素なのかが決まる。原子は同数の陽子を持つが中性子の数が異なるとき、それらは同じ元素の異なった「アイソトープ」あるいは「核種」となる。アイソトープは、したがって、同じ元素の変形したものであり、中性子の数の違いによって特徴づけられる。ウラニウム234（U‐234）、ウラニウム235（U‐235）、ウラニウム238（U‐238）は異なった形のウラニウムアイソトープである。

ウラニウムのような重い原子の中には、もともと不安定で絶えず崩壊するものがある。そのような原子は放射能を持つ。すなわち、自然発生的に放射線を出す。崩壊するときにはアルファ粒子、ベータ粒子、ガンマ波を出す。これら放射線は衝突するどんな原子からも電子をたたき出す［訳注　原子をイオン化する］ほどのエネルギーを持って旅を続けていく。放射線の引き起こす生理的損傷とは原子をイオン化する能力からきており、それによって人体の分子構造を破壊する。生きている細胞にたいする電離放射線の影響は、アメリカにおける健康物理学の先駆者、カール・モーガン博士*の言葉を借りれば、「狂人を好き勝手にさせる」

ようなものである。

　アルファ粒子は外部に放射されたときには急速にエネルギーを失い、皮膚の表面を突き抜けることはない。しかし、切り傷や注射や吸入によって体内に入ることがあり、いったん体内に取り込まれると原子をイオン化して生きた細胞を崩壊させる。ウラニウム、プルトニウム、ラジウムはすべてアルファ線を出す（アルファ放射線源）。プルトニウムは特に強力なアルファ源だとロザリーは強調する。「どんなに微量を吸い込んでも動物に肺ガンを引き起こす」のだ。

　ベータ粒子は空中を一メートルくらい透過するし、人間の皮膚の表皮を透過できる。たとえばヨウ素１３１やストロンチウム９０はベータ線を出す。核爆発や原子炉における核分裂の副産物であるヨウ素１３１は吸入され体内に取り込まれる。ヨウ素１３１は甲状腺の細

＊カール・Ｚ・モーガン（一九〇八〜一九九九）マンハッタン計画にかかわり、そのさなかに米国保健衛生学会を創設し初代会長。『保健物理学』主席編集者（一九五五〜七七）。その後オークリッジ国立研究所の所長（一九四三〜七二）。国際放射線防護委員会（ＩＣＲＰ）のメンバーをつとめ（一九五〇〜七一）、内部被曝部会の議長。低線量被曝の危険性を主張し、カレン・シルクウッド事件その他の裁判で放射線の危険性について証言する。ロザリーの理解者。邦訳共著に『原子力開発の光と影』松井浩・片桐浩訳、昭和堂、二〇〇三年。

胞を傷つけるか破壊して甲状腺ガンのリスクを高める。ストロンチウム90は化学的にカルシウムとよく似た同位元素なので、骨に取り込まれ、白血球を形成する骨髄を照射する。

ガンマ線とエックス線は電荷を帯びず、質量もないので、原子とまともに衝突してそれをイオン化するときにのみ、他の物質に作用する。理論的には、放射線が原子に一回「ぶつかる」とその原子を含む細胞を破壊することになり、細胞が破壊される機会はその原子がイオン化される機会が増えるだけ多くなる。

放射線の生物学的影響は、ただちに細胞を殺すか、あるいは細胞は殺さないがDNAの設計図を誤らせる――つまり突然変異を起こさせる――ことによってDNAのコードを変えるということになる。ガンは体細胞（生殖細胞ではない）の突然変異によって起こり、遺伝的な変化は生殖細胞（卵子と精子）の突然変異によって起こる。人間の細胞は問題を探し出して修正するDNA修復機能を備えているが、その機能が押しつぶされてしまうこともある［訳注　あるいは、誤って修復してしまうために突然変異が起こることもある］。ロザリーはこのような生物学的影響を簡潔に要約している。「イオン化やDNA分子［訳注　DNAはその一つの鎖が、一つの巨大な分子である］の破損によって人間の生体調節機能が徐々に破壊されると、人間は徐々に環境の変化に適応できなくなり、病気から回復できなくなるのです」。

イオン化によって引き起こされる細胞の変化について、研究者はまだ十分には理解していない。ＤＮＡの構造が解明されたのはほんの一九五三年のことであり、人体にたいする放射線の影響研究が始まってから何年も経っていたという事実を忘れてはならない。しかし、細胞は分裂するときが一番敏感だという点では合意が成り立っている。したがって、胎児と成長期の子どもが特に弱いのだ。

先述したウラニウム、プルトニウム、ヨウ素、ストロンチウムの同位元素（核種）は、他のものと同様、自然状態でも不安定で、したがって放射能を帯びている。そこで、これらのものは放射性核種と呼ばれている。放射性核種の原子核はたえず崩壊し、安定状態になるまでアルファ線、ベータ線、ガンマ線を出し続ける。放射線を出すとそれらは崩壊して違った同位体になる。不安定な同位体ほど崩壊の速度が速い。

すべての放射線同位体は独自の「半減期」――同位体の半分が違った同位体になるのに要する時間――を持っている。たとえば、ウラニウム２３８が崩壊すれば、少量のアルファ放射線と大量の崩壊生成物を生み出す。ウラニウム２３８が半分に崩壊するのには四億五〇〇〇万年かかる。崩壊過程において、親であるウラニウム２３８と崩壊生成物とそれに続く崩壊生成物は一連の新しい元素と放射線とを出す。人間の尺度でいえば、ウラニウムの半減期は永遠である。これとは対照的に、ストロンチウム９０の半減期は二八年であり、ヨウ素１３１の半減期は八日である。

人体は放射性化学物質を違った速度で除去する。「生物学的半減期」とは人体が放射性化学物質の体内の量を半分にする期間をいう。したがって、健康への影響のはげしさは放射性化学物質が体内に滞留する期間に依存する。ロザリーはこう説明する。「放射性セシウムは筋肉に滞留し、完全に人体から除去されるには二年かかる。放射性ストロンチウムは骨に滞留し、一生涯そこにとどまって周囲の細胞に放射線をあびせ続ける」。

放射線技術――エックス線、核爆弾、原子力発電所

一九世紀から二〇世紀にかけての過渡期に、三つの科学的大発見が放射線の時代の開始を告げた。ウィリアム・レントゲン*が一八九五年にエックス線を発見し、電離放射線が初めて応用された。人間の体内を見ることができる能力というものは医学的な奇跡であり、一年も経たないうちに医者たちは診断や治療にエックス線を用いるようになった。この最初の驚異につづいて、一八九六年にはアンリ・ベクレル*がウラニウムの放射能を発見し、一八九八年にはマリー・キュリー*がラジウムを発見した。未経験な開業医や期待に胸膨らませる大衆は、早々にエックス線や他の放射性物質を霊験あらたかな技術や治療法として受け入れた。

一九世紀中にエックス線は一〇〇以上の病気治療に使用され、放射性ラジウムもまた、

スキンクリームや練り歯磨きや瓶詰めの水などに処方され、商品化された。エックス線を放出する機器が、靴の適合具合を調べるために靴屋に設置されたり、顔のむだ毛を取るために美容院に設置されたりした。時計工場で働く女工は、筆の先を尖らせるために穂先をなめなめ蛍光時計の文字盤にラジウムを塗りつけ、病人たちが奇跡の療法を捜し求めて奥深い鉱山にやってきて放射性ラドンガスを吸い込んだ。エックス線と核エネルギーの歴史は、ともに、起こりうる影響をほとんど理解しもせずに、人びとが新技術に飛びついて利用したことを露呈している。

しかし、いまや百年余が経ち、放射線被曝の人間生理への悪影響に関する知識が蓄積さ

＊ウィリアム・レントゲン（一八四五～一九二三）ドイツの実験物理学者。エックス線の発見により第一回ノーベル賞を受賞。

＊アンリ・ベクレル（一八五二～一九〇八）フランスの物理学者。一八九六年ウラン鉱石から出る新しい放射線を発見して放射能研究の端緒を開く。一九〇三年、キュリー夫妻と共にノーベル物理学賞を受賞。

＊マリー・キュリー（一八六七～一九三四）フランスの物理学者・化学者。ポーランド生まれ。一八九八年夫ポール・キュリーと協力してウラン鉱石中にラジウム、ポロニウムを発見。一九〇二年ラジウムの分離に成功。一九〇三年、夫のピエール、ベクレルとともにノーベル物理学賞、一九一一年に化学賞を受賞。

れてきた。一九世紀のドイツとチェコの坑夫が「鉱山病」と呼ばれる病に苦しんだことが知られている。一八九七年までに、ウラニウムを多く含んだ鉱石を採掘しているエルツ山の労働者の半数以上が肺ガンで死亡したことが臨床的に立証されていた。しかもその近辺では、それまでほとんど肺ガン死は見られなかったのだ。初期のころに放射線を使用した医師たちの間では、治癒しないやけどを負って指や腕を切断しなければならない人が多く出た。命取りになるガンにかかる医師もあり、それは今日でも放射線科医師の職業上こうむる危険である。ラジウムを用いた照射治療や投薬を受けた患者、特に多量の放射線を受けた人は、ひどいやけどや痛い潰瘍や二次性のガンに苦しんだ。ウィリアム・レントゲンは骨ガンで、キュリー夫人は白血病で亡くなった。時計の文字盤を描いていた若い労働者の多くが悲惨な病気にかかったり、若死にしたりしたことにより、電離放射線を出す放射性物質は口に入れたり吸い込んだりすると、以前に考えられていたように体内を素通りするのではないことがわかった。実際は、素通りするのではなく、長らく体内にとどまり、周囲の細胞を照射し続けるのだ。

　放射線の悪影響に関する、このランダムサンプリングしたような伝承の実態が、一九二六年の実験で実証された。ハーマン・マラー*は動物実験によって、放射線が遺伝子に突然変異を発生させることを証明した。その研究によりマラーは結果的にノーベル賞を受賞することになった。一九二八年、国際放射線医学会議は国際的に合意した安全性のガイドラインを発行しはじめた。それは驚くほど精密で権威のあるものだった。放射線の危険性やどのようにすればその危険を避けられるかという知識がまだよちよち歩きをはじめたばかりであることを考えればということだが〔訳注　中川保雄著『放射線被曝の歴史』（技術と人間刊）第五章を参照されたい〕。

マンハッタン計画の開始とともにその問題はますます吟味されるようになった。もっとも、放射線の影響はもともと戦時秘密であったから極秘にされていた。放射線の歴史に新時代が開かれると、米国当局は、原子爆弾の爆発や兵器製造や爆弾のテストや原子力発電所から放出される放射線の影響について、一貫して隠蔽したり、過小評価したり、嘘をついたりした。政府や産業界や規制団体の核エリートは、文字通り通過するだけで人体を蒸発させてしまうような高線量の放射線については異議を唱えなかった。しかし、核実験や原子炉やエックス線から放射された低線量の放射線は人間の健康にたいした影響を及ぼさないと主張し

＊ハーマン・マラー（一八九〇〜一九六七）米国の遺伝学者。ショウジョウバエにたいするX線照射の実験で人為的に突然変異を誘発できることを発見した。この業績により一九四六年にノーベル生理学・医学賞を受賞している。精子バンクの提唱者でもある。一九五五年、ラッセル＝アインシュタイン宣言に署名した。

続けた。

ロザリー・バーテルがガンをめぐる闘争においてもっとも力を注いだ部分となったのは、この点だった。

核の物語に抗して

原子力発電やエックス線の人体への危険性についてのロザリーの警告は、第二次世界大戦直後から放射線の安全性への懸念を提起し始めた科学批評家の異議申し立てを元にしていた。当時、最初は太平洋上で、次にネバダで行われた原爆実験が、放射能放出に関する公式見解にたいする最初の強力な反対を引き起こした。権威筋と闘うには一定レベルの専門的能力が必要だったから、医者やその他の科学者たちがこの運動で目立っていた。一九五〇年代、放射性降下物の危険性は取るに足りないとした原子力委員会（AEC）の主張に、何人かのすぐれた科学者が挑戦した。初期の反対者の中に、ノーベル賞受賞者のハーマン・マラーや、ヨウ素131が子どもの甲状腺に危害を与えることをはじめて示唆した、遺伝学者のエドワード・B・ルイス*がいる。

一九五四年のノーベル化学賞を受賞したライナス・ポーリング*は核兵器実験が何百万と

いう先天性欠損症、胎児や新生児の死、ガンを引き起こすと警告している。「核実験をするたびに世界のいたるところに放射性物質の重荷を加えることになる。放射能が余分に蓄積されると、それだけ世界中の人間の健康に被害が加わり、また人間の胚細胞の原形質に被害を与えて、たとえば将来世代に深刻な損傷を負った子どもの出生が増えるというような事態に至る」。ポーリング博士は世界中の科学者に書簡を送り、要請に加わってほしいと依頼し、一万一〇〇〇人の科学者から核実験を中止してほしいとの署名を得、それを国連に提出した。博士の要請が大きな影響力を発揮して米国とソ連を動かし、一九六三年、米英ソが地上における核実験のモラトリアム〔訳注　部分的核実験禁止条約と呼ばれている〕で合意した。下院の非米活動委員会で審問され、博士はカリフォルニア工科大学から追放され、結果的に大学を辞任した。ポーリングは公的「路線」に反対したために学問的な根城を追われた第一号だった。一九七〇年代の末にロザリーも同じ境遇に陥ることになる。

＊エドワード・B・ルイス（一九一八〜二〇〇四）米国の遺伝学者。一九九五年、ノーベル生理学・医学賞を受賞。
＊ライナス・ポーリング（一九〇一〜一九九四）米国の量子化学者、生化学者。科学者として核実験反対運動の先頭に立つ。一九五四年にノーベル化学賞、六二年にノーベル平和賞を受賞。邦訳著書に『ノーモア・ウォー』講談社、一九五九年。

しかし、ロザリーが一九七四年に発見した知見について回想したところによると、ロザリーは医療専門家から反対があがるだろう、エックス線被曝が健康にとって危険だという自分の出した結果に文句をつけてくるだろう、ということしかロザリーは予想していなかった。その研究がもとで原子力発電の圧力団体と衝突するなどとは予見すらできなかった。

原子力発電は核爆弾製造を推進する中でできた副産物だった。戦後、米国とカナダには幅広い研究と製造施設と高度に訓練された人材が残った。ウラニウムをプルトニウムに変換する炉はとてつもない高温になる。その熱を発電用のタービンを回すのに利用したらどうだろう。「水を沸騰させるためには最低の方法だが、とにかく装置の運転は続けられる」とカール・グロスマン*は書いている。その考えは、多くの者にとって原子の秘密を建設的に使用するまたとない贖罪の機会のように思えた。

核分裂を発電に利用するというのは黄金の原子力時代を夢想するもっとまじめな考えの中にも浮上していた。米国の予言者や科学者は、家庭用原子力発電や真空の管の中を時速一万マイルで走る原子力列車を走らせるとか、気候を温暖にするために極地の氷冠を原子爆弾で溶かすとか、悪天候を永遠になくすために原子力の「人造太陽」を作るなどと予見していた。一九五三年にドワイト・アイゼンハワー大統領は「平和のための原子力」を発表し、核分裂や放射線は病気や死の使者ではなく、人類の強力な助っ人だと宣言した。このプログラムは核分裂の愛想のいい顔を表面に出して、クリーンで安全で安価な電気を生み出す原子力発電炉を、国内でも海外でも、税金をつぎ込んで開発するべきだと主張するのが目的だった。

米国の原子力産業は、納税者から莫大な財政的支援を得て急速に発展した。核分裂のヒエラルキーの頂点に立つのは強力な原子力委員会（ＡＥＣ）だった。核開発の推進とその規制のために設立されたのだから、なりふりかまわぬ核開発の推進のために一貫して規制を無視したことによって明らかにされたように、ＡＥＣは最初からはっきりとした利害の対立を抱え込んでいた。一九六〇年代までに一応やっていけそうな産業として準備され、一九七四年にロザリーが論争に加わったころには、急速に成長していた［訳注　一九七三年末に第一次石油危機が勃発し、当時、先進諸国の政府はこぞって原発推進策を打ち出した］。

その年、ニクソン大統領は二〇〇〇年までに一〇〇〇基の原子炉を建設するとの計画骨子を発表し、原子力産業は注意深くあちらこちらで建設計画を推し進めた。需要地が近いほうが経済効率が高いので、新規の立地点として、大都市近郊の田園地帯や小都市が選定され

＊カール・グロスマン　ニューヨーク州立大学のジャーナリズム教授。環境・エネルギー関係のテレビドキュメンタリーのホストや著作で活躍。

た。発電所からの放出物に放射線の有意な危険はないとか、大きな原子炉事故がないとか、儀式的に宣言してはいても、これらの仮定を人口稠密な大都市の中心で実験したくなかったし、知識のある都市住民の詮索を受けたくもなかった。業界はむしろ強力な広報活動を展開して、税収入が増えるし、地元で就職できるし、もちろん将来の電力需要にも備えられるというふうに、うまく小さなコミュニティを説得した。例によって、業界は原子力発電の長所——安全・クリーン・安価——を地域の聴衆に吹き込み、質問に答え、そして認可が下りるのを待った。

対決と死の灰

一九七四年ニューヨーク州ナイアガラ郡でこの原子力の平和的な拡大主義が崩壊した。市民グループがロズウェル研究所に電話をかけてきて、今提案されている原子力発電所の件で、低線量放射線の健康への影響についてバッファロー近郊の市民集会で話してもらえる人はいないだろうかと依頼してきた。そのような話がもち上がっていることはバッファローの新聞に一行も出ていなかった。ロザリーは、この集会が自分の職業人生の転換点になるなどとは思いもせずに出かけていくことを了承した。

そのフォーラムはニューヨーク州電気ガス会社の開いたものだった。その夜、郡議会の議員はもちろん、二〇〇人以上の市民がロックポートにあるコミュニティ・カレッジの講堂を埋め尽くしていた。ロザリーは回想している。「後部の扉から私たちが入っていくと、一枚の紙を渡され、それには議員たちの出した質問事項が並んでいました。会社側は二週間前からその質問を知っていたようです」。

それから氏名と専門とを記した紙を渡されたが、下の部分は白紙で、ただ「市民エネルギー委員会」と書かれているだけだった。「私たちは四人、しかし名前も書かれていなければ肩書きもありません」。ロザリーは舞台の上には電力会社から来た男たちの分しか座席が用意されていないことに気づいた。委員会は聴衆の中に座るように言われた。

会社側の五人は、「クリーンそうに見えるすばらしい原子力発電所の高性能の映像をリモートコントロールで映写しながら」練り上げられた意見発表を行った。ロザリーはその人たちが原子炉放出物による放射線の影響をささいなもの、「エックス線を二、三回あびる程度のもの」として切り捨てているのに気づいた。技術的な特殊用語がちりばめられた男たちの話を聴衆は沈黙で迎えた。

市民グループの最初のスピーカーとして名を呼ばれると、ロザリーは舞台に近づいていって、座席をグループに譲るよう男たちに要求した。それから、市民グループがみんな女であることに初めて気づいて、「こんな風に意見が分かれるのは本当に残念です。たぶん命にたいする関心が違うからなのでしょう」と言った。聴衆は立ち上がって拍手した。この瞬間から聴衆はロザリーの側についたのだ。

人生のその時点において、ロザリーは自分が原子炉の専門家だとは公言していなかった。しかし、ロザリーが伝えなければならなかったのは、エックス線と白血病の研究で知りえた低線量被曝の影響だった。原子炉を運転して放出される放射能に健康への危険性がないと、原子力発電の推進者たちは、どうしてそんなに自信が持てるのだろう？　その点に関して、ロザリーはジェラルド・ドレイク博士から学んでいた。博士は、ミシガン州シャーレボイ近郊のリゾート地となっている農業地帯のすぐ近くにあるビッグ・ロック原子力発電所の近くで働いている内科医である。ドレイク博士はその地域の公衆の健康指標の変化を観察して、関心を持つようになっていた。地域の記録を全州の記録と照らし合わせると、シャーレボイではガン死と低体重出産が統計的に有意に高いことを発見していた。

「この問題の局面を変えたのは、計画中の発電所の隣にガーバーのベビーフードに使用する野菜を育てるコーニュコーピア農場があったことです」とロザリーは回想している。その後まもなくして、ナイアガラ州議会は原子力発電所の一時停止（モラトリアム）を決議した。これは米国議会始まって以来初めてのできごとだった。このモラトリアムは原子力発電所の建設を止めた。ロザリーによれば、赤ん坊用に栽培している野菜の安全性にたいして、そのような施設のとる態度が危険をはらんだものであることが、市民の投票にとって決定的な要素となった。

講演にたいする反応にロザリーは驚いた。祝いの電話やみんなの前に出て講演をしてほしいという依頼の電話が鳴り続けた。しかし、その反対の反応はひどいものだった。「ロズウェルは科学者たちを否定した」との見出しのついた攻撃文が直後にロックポートの新聞に掲載された。ロザリーの上司であるアーウィン・ブロス博士［訳注　X線診断学の専門家］がロザリーを擁護する記事を出すと、その攻撃文は撤回された。

さらに困難だったのは、研究所内で受ける批判や検閲だった。地域のテレビからトークショーに招かれていると報告すると、病院の理事たちが、テレビで発言する際の研究所の方針について説明するためにロザリーを呼びつけた。証人として付き添ってほしいとブロス博士に依頼して、ロザリーは一時間のあいだ厳しくとっちめられた。「かれらは本当にピリピリしていました。とくに副理事長は地域社会を混乱に陥れたり、病院の名を出して発言することは非常にゆゆしいことだと語りました。説教が終わったとき、公衆の出した費用で研究しているのに、公衆の集会に呼ばれたときに研究成果を公衆に教えてはいけないとおっしゃるのですか、と私は尋ねました。副理事長は鼻っ柱を折られたので、ドアをバタンと閉めて部屋を出て行ってしまいましたよ」。このエピソードはのちのちロザリーを批判する者たちがどんな目にあうことになるかをよく示している。物静かででしゃばらない物腰ではあるけれど、ロザリーは協力者をつのる能力や言葉を操る能力に長けた、恐れを知らぬ敵対者となったのだ。

原子力産業と対決し、自分の発言が過剰反応を引き起こしているという現実に直面して、ロザリーは不安になった。「かれらは私を黙らせようとやっきになっている」と感じて、ロザリーは今心に引っかかっている疑問をできる限り追究したいという気持ちを掻き立てられた。だれが放射線の「許容」線量を決めたのか?

制限値を決める――「みなさん、今度こそ安全です!」

ロザリーは連邦規制の歴史を研究しはじめた。放射線問題について電力会社がどこから資料を得ているかを調べてみると、たいていは広島・長崎におけるアメリカ軍の経験からきていることがわかった。「一九四五年原爆投下からしばらくして、アメリカは両都市に原爆傷害調査委員会(ABCC)を設け、以後、放射線の影響に関する情報を政府が全面的に統括してきました。データベースは科学界に公開されないのです」とロザリーは語る。

放射線の基準について原子力関係の役人がどこから情報を得るかを追究するために、ロザリーは原子力技術のもっとも微妙で議論の沸騰している問題を追いはじめた。放射線はどれほどの量であれば安全なのか？　という問題である。この議論が秘密と虚報の雰囲気の中で展開されているので、何十年ものあいだ科学的な理解や公衆の認識が妨げられてきた。今日でもそれはまだ解決されていない。

最初は戦争中だったので秘密主義が是認されていたが、後に、日本の市民を害した放射線が毒ガスと同様に非人道的だと判断され、言い換えれば、のちのち被害者から補償を要求されるかもしれないとの理由で、やはり秘密主義が堅持された。他にも放射線の影響を小さく見積もる理由があった。広島のデータが解析されたのと同じころ、米国原子力委員会は核エネルギー開発を促進し、爆弾の実験を擁護していたので、放射線の危害について民間で巻き起こっている議論をあおりたくはなかったのだ。最初から放射線に関する議論は政治的なものだった。

原爆傷害調査委員会（ＡＢＣＣ）――これは後に放射線影響研究所（ＲＥＲＦ）と改称される――が一九四七年に設立された［訳注　ＡＢＣＣは一九四七年三月に広島赤十字病院内に事務所を開設し、原爆被害者の血液調査を始めた。一九七五年に、ＡＢＣＣは、日米共同の研究機関であるＲＥＲＦに改組された］。日本人被害者の研究は実際には一九五〇年まで始まらなかったから、放射線による影響である多くの初期の死や流産はすでに起こってしまっていた。研究所の科学者は物理学者、保健物理学者、放射線生物学者だった。人間集団における病気の型を研究する疫学者は入っていなかった。生物学者、遺伝学者、腫瘍学者、小児科医、職業保健の専門家は少ししか入っていなかった。多額の資金を使ってデータの収集をした人たちは何冊もの公式報告書を出した。しかしながら、精査のため広く科学者に公開されるのではなく、これらの書物は少数の許可を得た科学者と当局者に握られたままだった。

国際的な規制システムの頂点にＩＣＲＰ（国際放射線防護委員会）が設置され、ＩＣＲＰの基準は日本の被爆者についてのＲＥＲＦの研究を基としていた。以前に言及したように、現在の組織の基となったものは、一九二〇年代の後半に設立された。戦後、マンハッタン計画に関係した物理学者が参加したため、ＩＣＲＰは変質した［訳注　放射線関連学協会を主体に「国際X線およびラジウム防護諮問委員会（ＩＸＲＰＣ）」が一九二八年に設立されたが、放射線防護の国際組織は一九五〇年にマンハッタン計画の担当者を主体とするＩＣＲＰへと変えられ「許容線量」が導入された］。その後、ＩＣＲＰは国際的な放射線安全基準の権威となって勧告を発し、拘束力はないけれども、たいていの国内・国際的な規制組織がこれに従っている。

原爆のデータを基礎として用いて、ＩＣＲＰは放射線の線量をコントロールし、長期にわたってそれを推し進めていけば、リスクは無視できるまでになるという仮定を立てたが、これはますます異論を呼ぶ結果になっている。一九七六年までに、ＩＣＲＰのメンバーはどのような被曝であっても一定のリスクを伴うことを認めた。しかし、かれらは核技術のベネフィットと均衡させれば、リスクの「受忍」あるいは「許容」線量を出すことができると主張した。一般民衆はその「許容」が「安全」を意味するものではないことを理解できなかった。そのようなリスク‐ベネフィット比（あるいはリスク対ベネフィット）を受け入れられると決めるのは社会的・政治的な選択であり、科学に基づくものではないということや、リスクを当然受け入れられるものとする人たちはその判断に先立って「説明できるのでなければ放射線は認めない」との意見を持つべきだということを主張する人たちの中で、ロザリーは頭角を現していった。

戦後の歴史を通じてＩＣＲＰのメンバーは主として軍や放射線医学会と関係しており、放射線利用を促進し、そのリスクを軽視するものに利益を与えた。委員会を批判する急先鋒となったロザリーは、後に、委員会は「まさに軍から生まれ出た自己保存のための委員会で、……あらゆる意味において、閉鎖的なクラブであって、独立した科学者の組織ではない」と書いている。カール・モーガン博士はＩＣＲＰの設立メンバーだったが、ロザリーと同意見で、特定の利益集団に有利な組織的な偏りが存在し、利益の衝突は規制値を設定するにあたって避けられない要素だとして、「ＩＣＲＰは命を預けられるほど信頼できる組織だとは

放射線（放射能）の量（強さ）を表す単位

放射線（放射能）の量（強さ）を表す単位には主として３種類ある。放射線（放射能）量の単位、被曝すなわち人体が受けた放射線量の単位、そして放射線の生物学的影響をあらわす単位である。

キュリー（Ci）放射能の単位。１キュリーは１秒間に370億個の原子が崩壊する大きさ。これは1グラムのラジウム226が放出する放射能量。１秒間に１つの原子が崩壊する量をあらわすベクレル（Bq）に換算できる。１キュリー＝3.7×10^{10}ベクレル

ラド（Rad）人間が受ける放射線量の単位。ラドは吸収放射線量をあらわす。グレイ（Gy）に換算できる（１グレイ＝100ラド）。

レム（Rem） 放射線の生物学的影響の単位。この単位は、それぞれの電離放射線はそれぞれの生物学的効果を持つことに配慮したものである。たとえば、ある量のアルファ放射線は同量のガンマ放射線の約20倍の生物学的効果を持つ。したがって、１ラドのアルファ放射線は20レムに換算でき、１ラドのガンマ放射線は１レムに相当する。シーベルト（Sv）に換算できる（１シーベルト＝100レム）。

言えない」と述べている。

放射線量を表す単位は複雑で、放射線科学の歴史上すぐれた数字である新測定法は、いまだに世界の隅々にまではいきわたっていない。このように用語が変化し、両方の単位が並存していると、一般市民が放射線の「安全な」線量について考えるときに困難をきたす。そのうえ、ＩＣＲＰがたえず許容線量を下げ続けている歴史も一般市民を困惑させている。

一九三六年から一九五八年にかけてＩＣＲＰは年あたりの許容線量を四分の一に引き下げた。工場労働者と区別して一般公衆の線量を五〇レムから五レムに下げた。五レムの被曝線量はリスク‐ベネフィット論に基づいて五千分の一の確率でガン死を許す線量である。さらに原爆被爆者のガン罹患のリスクの再評価によって、許容線量は一九七七年に〇・五レムになり、一九九一年には〇・一レムになった。ＩＣＲＰは今二〇〇五年に新しい一連の勧告を出すべく準備を進めている［訳注　項目別に順次発表してきたが、二〇〇七年三月二一日に出来上がった］。イギリスの公衆衛生担当の高官がかつて述べたように、「たえず『みなさん、今度こそ安全です』と繰り返されると、そのたびごとに以前の過小評価があばかれるのだ」。

資料を読めば読むほどロザリーは「許容線量」が信じられなくなった。「私は最初医学界と闘っていると思っていました。次に原子力産業とやり合っていると考えました。しかし、問題を解決しようとするたびに兵器産業に行きついてしまうのです」。

熟考、そして行動

核産業の危険性について知った結果愕然とし、政治の指導者や規制当局が公衆の健康に関心を持っていないのを見てとって、ロザリーはしばらく考えるためにロズウェルを去る決心をした。ロザリーはこの計画を一九七五年の新聞に「核による自殺」と題して投稿した。その記事の最後に、将来について実際的・精神的なロザリー独特の見通しを表明して告知を出した。それは多くの講演旅行の第一回目になるはずのものだった。

出前講演旅行可能。シスター・ロザリー・バーテルはロズウェル記念研究所の生物統計学者のポストを離れることにしている。ロザリーは原子力発電所の持つ危険性に深く心を痛めており、自分の人生を変えることによって「もっと豊かな実りが得られる」と信じている。八月の講演旅行ではシカゴ、オマハ、シャイアン〔訳注　ワイオミング州の州都〕、ソルトレイクシティ〔訳注　ユタ州の州都〕、リーノー〔訳注　ネバダ州〕、サンフランシスコ、ロサンジェルス、グランドキャニオン〔訳注　アリゾナ州〕、アルバカーキー〔訳注　ニューメキシコ州〕、オクラホマ・シティ、セントルイス、ピッツバーグ、バッファローで講演する。九月以降は、ヴァーモント州のバリで祈りと沈思黙考の生活に入り、今日の世界とその価値を探る。講演申し込みはロズウェル記念研究所まで。講演旅行の費用の援助を！

人生のその時期についてロザリーは後にこう語っている。「私は自分の中でそれを解決しなればなりませんでした。どうすればいいのかわかっていなかったのです。……そのひきこもりの間、私は活動家として持たねばならない抵抗の心を失っていました。普通の生活から脱して行動することを阻んでいる障壁を低くするには、ある量の熟考が必要だったのです」。

ヴァーモント州バリで一年を過ごしてようやくロザリーは、自分を待っていると思われる仕事を引き受けることができると感じるようになった。「私は自分を解き放ってこの仕事に向かいたかったのです。お金や地位や、人びとがどう思うかとか、またシスターは何をすべきかとか、司教様がどう考えるかとかには心を乱されないで。地球が苦しんでいると感じなければならないし、地球は苦しむべきではないと知らなければなりませんでした。……だれがどうしようとも、だれも私の過去を取り去ることはできません。私はいい生活を送ってきました。でも今生まれてくる子どもたちにはどのような生活が待っているのでしょう」。

四〇歳後半にロザリーは「すべてを引き受けよう」と決心した。

2006年8月　関西国際空港にて　　　　　　（撮影：中川慶子）

第3章

「反核シスター」の誕生

一年の間隔をあけて、ロザリーはロズウェルで研究を再開した。学会で研究成果を発表し、また同僚のアーウィン・ブロス博士と行動をともにして、広くいきわたっているマンモグラフィ検診にたいする批判を展開した。ロザリーは、ニューヨークの医療保険が行っている検診プログラムの基本的な数学的過ちを指摘した。ロザリーによれば、初期の受診者に甚大な健康上の影響が出ている可能性があった。「このような事例では、多くの場合、核の当局者たちに責任があるのです。低レベル放射線は危険ではないなどと人びとに確信させているのですから。核物理学者たちに安全線量を決めさせることによって、医師たちは責任を放棄しているわけです」。研究者と活動家との境界線はますますあいまいになってきた「訳注　のちに『マザリング』一九九二年に掲載されたマンモグラフィ批判の論文は邦訳されている。「乳がんと乳房X線撮影《マンモグラフィ》」中川慶子訳、技術と人間、一九九四年」。

ヴァーモント州バーリントンのクエーカー教徒の人たちに行った講演は、この時期のロザリーの基本的なテーマをよくあらわしている。ロザリーは、急激に成長したこの産業を公衆が「素朴に信頼している」点を指摘した。この産業は安全性の問題や工場からの排出物が人体や環境にどのような影響を与えるかの基礎研究もしていないのだ。また、核の擁護者たちが放射線の危険性を示す事実や数字を操作している点も暴露した。

「原子力発電所からの放出物は私たちが自然から受ける放射線の一〇分の一が加わるだけ

だと聞かされています。けれどもこの評価は発電所からの排出物と自然に発生する放射性核種との質的な違いを無視しています。……自然界には存在しないプルトニウムは史上最悪の毒物なのです」。核論争の中で不都合な真実をあいまいにするために統計が使用されているたくさんの例をあばいてみせようと決心していたので、ロザリーは全アメリカの平均被曝線量評価の過ちを指摘した。平均被曝線量評価は、ある地域に住む人びとが実際に被曝した線量を限りなく小さくし、さらに、被害にたいする感受性は一様ではないということを無視しているのだ。

ロザリーの支持者たちは、核の当局者たちの使う難解な専門用語ではなく平易な言葉で放射線の話をしてくれるロザリーの手法を高く評価している。反対にロザリーを中傷する人びとは、ロザリーの表現を感情的だとか非科学的だとか単純化だとかいって攻撃する。放射能とその危険性を一般聴衆に説明するロザリーの手法は次のようなものである。「物質が放射能を持っているということは、ミクロのレベルで周期的に爆発しているということです。たとえば、一つの原子を肺に取り込んだとしましょう。爆発するときに、それは生きた細胞を通してエネルギーの粒子を放出します。ご存知のように細胞は中空ではなく、体内でそれぞれの機能を果たすための異なった物質で満たされています。私たちはこの細胞レベルの爆発を感じることはできません。けれどもそれは悪さをするのです」。

一九七六年までに、ロザリーは活動的な人生を開始し、その特徴は引退までも、引退後も続いている。一九七六年から八〇年にかけて主として北アメリカを旅してまわり、ニューヨーク州ロックウッドの原発建設阻止に貢献した目に見える成功に続いて、「反核シスター」の名声を確立した。原子力発電所の建設に必要な許可を得るのに欠かせない公聴会の「ベテラン証言者」になった。建設を憂慮する市民は、建設を遅らせて安全性の保障を追加させるために、この公聴会を必要とする許可制度を利用することを徐々に学んでいったのだ。

オレゴン州ポートランドで、近くのトロージャン原発にむけて平和的なデモをしている最中に逮捕された九六人の裁判が一九七六年に行われたとき、ロザリーは弁護側の証人として出廷した。日常的に放出される低レベル放射線が長期にわたって健康に及ぼす危険性についてロザリーが証言すると、陪審員は専門的事項を根拠に九六人全員に無罪の票を投じた。「後に陪審員たちは、裁判官に無視するようにと指示されたにもかかわらず、もっとも影響されたものとしてバーテルの証言を挙げている」と現地の新聞は書いている。この原発は、オレゴン州の最初で唯一の原発だったが、かずかずの深刻な問題を起こした後一九九三年に閉鎖された。この原発がテレビのアニメ番組『シンプソンズ』〔訳注　架空の町スプリングフィールドに住むシンプソン一家の繰り広げるブラックユーモアにあふれたコメディーで、テレビの長寿番組。父親が原発の安全保安員〕に描かれる、事故を起こしやすい原発を発想するもとになったのだと地元の人たちは信じている。

ペンシルヴェニア州の、いわゆるリマリック14号の裁判もまた、原発立地点の非暴力抵抗に巻き込まれた。宣誓供述書によれば、ロザリーはここ数年たえず繰り返している論点を強調した。それは、核施設で働く人びとや近隣の人びとの健康状態を評価し監視する、ひも付きでない独立の機関が必要だということである。「人びとが法律上の必要書類の中で何の証拠も保護もない、理論上のモデルから導き出された健康影響評価を信用するようにとか、自分たちの健康や財産や財政的安定や職を破壊しうる、第三者に管理されない原子力発電所を歓迎しろと言われるのは」不合理だとロザリーは主張する。

原子力にたいする転換点——クラムシェル同盟

反核グループが認可の過程にかかわるようになり、ロザリーのような人物と接触するようになると、かれらは核エネルギーの危険性や未解決の技術的問題についてますます理解するようになっていった。また、原子炉の建設を遅らせるためにさらに洗練された戦術を使うようになった。一九七六年に運動が始まり、七〇年代の終わりには核産業は暗礁に乗り上げていた。世紀の変わり目までに一〇〇〇基の原子炉を建設するという計画だったが、二〇〇三年現在わずか一〇三基〔訳注　二〇〇六年も同数〕にとどまっている。

ロザリーはクラムシェル同盟が先頭に立つ天下分け目の運動に最初からかかわっていた。そのグループはニューハンプシャー州シーブルックに二基の原発を建設するという提案が出たときに結成された。漁師、ハマグリ採掘者、環境主義者が、伝統的な海岸の生活を脅かされると感じて動揺した保守的なニューイングランド人たちとともにグループに結集した。一九七六年の夏に立地点での一連の非暴力行動が展開され、地域の支持者をはじめ、全米、また海外の活動家を引き寄せた。メディアが取り上げてくれたことも幸いして、一九七七年のデモンストレーションには三万人が抗議のために集まり、七八年の行進は二〇万人以上にふくれ上がって、米国歴史上反原子炉抗議行動の最大のものとなった。それは国中の抗議に火をつけた。

ロザリーは同盟の非暴力主義に感銘を受けた。それは女性が主導的な立場を守っているからできたことだとロザリーも他の人たちも考えていた。意見の一致と非暴力を貫いたおかげで、この運動はめざましい成功を勝ち取ったのだ。ニューハンプシャー州知事のメルドリム・トンプソンは「革命家や共産主義者の破壊主義」に挑発されて運動が暴徒化すると踏んでいた。当局にとっては悔しいことだったろうが、そのような凶暴な行動は起こらなかった。しかし一四〇〇人の逮捕者が出た。

ロザリーはこの集会の主要発言者のひとりだった。過去の歴史とアメリカ市民の持つ伝統的な権利に言及して、そのスピーチは聴衆に合うように話を仕立て上げるロザリーの才覚を見事に示していた。「みなさんと同様、原子力に反対する州の労働者にたいするトンプソン知事の抑圧行動を、私もまったく残念に思います。それは言論の自由に違反しています。……私たちは祖先に劣らず燃え上がっています。富やまやかしの学問に制圧されることを拒みます。……私たちは素朴な人民で、大地と現実生活に根付いているので、現実に反する理論に対抗するのです」。結論で、過去の伝統から現在の危機的状況に話を移して、ニューイングランド各州はすでに国中で最悪のガン罹患州だということを聴衆に思い起こさせた。

続く逮捕者の裁判で、ロザリーは専門家として最初の被告側証人になった。シーブルックで証言する一週間前、ロザリーの事務所に強盗が入り、供述書が盗まれた。大急ぎで供述書を作り直したが、ロザリーの発言は許されなかった。州側弁護士がロザリーを何度も中断したのに続いて、裁判官はロザリーが発言するであろう内容は不適切であるとして、発言を却下した。医者であり、放射線の医学的影響に関する専門家であるヘレン・コルディコット＊

＊ヘレン・コルディコット（一九三八〜 ）オーストラリア出身の小児科医。邦訳共著『核文明の脅威――原発と核兵器』岩波現代選書、一九七九年。

が次の証言者だった。彼女の発言も却下された。

ロザリーが後に回想しているが、昼食時に六〇がらみの女性記者が話しかけてきて、大人になってこのかた、争点になっている問題についてずっと主要新聞に記事を書いてきたが、「放射線と健康をめぐる問題ほど偏執狂的に取り扱われているものはありません」と語ったそうだ。

反対運動にもかかわらずシーブルックでは建設が進み、一九九〇年に、予算をオーバーして一基が運転にこぎつけた。二基目はまだ完成されていず、二〇〇三年になってようやく沼地にある空の廃船を取り除く工事が始まったばかりだ。クラムシェルは相変わらず反核抵抗の触媒の働きを果たしていて、ネイティヴ・アメリカンのウラン鉱夫、農夫、専門家、労働組合、主婦、活動家、宗教グループを結びつけている。

シーブルックの抗議行動ののち、米国では新規の立地はなく、当時建設中だったか、すでに運転中だった一二五基がキャンセルされたり閉鎖されたりした。米国でもカナダでも原子力にたいする魅力が失せてきたので、産業界は新たな市場開拓に走っている。その競争は原子炉を開発途上国に売り込むことである［訳注　その後、原油などエネルギー価格が高騰したことにより、二〇〇五年に包括的エネルギー法が議会で採択され、米国内でも新たな原発の受注が始まった］。

流れをつくり、新聞見出しをつくり、敵をつくって

ロザリーはロズウェルで仕事以外の反核活動にたいする敵意をますます受けるようになっていった。いまや、ロザリーは話したり書いたりするとき、研究所を代表しているのではないと特にことわるようになっていた。しかしメディアはロザリーの歯に衣着せぬコメントが格好のキャッチコピーになると気づいた。たとえば、ピッツバーグ大学の物理学者、バーナード・コーエン博士*がホルメシス論なるものによって、予防接種と同じように抵抗力を高めるので、わずかばかりの放射線は多分体にいいはずだと説いたとき、ロザリーは公的に不快感を表明した。「放射線の医学的影響やエネルギー産出の経済、アメリカ文化の保存についてコーエン博士に忠告を乞うと、ばかげたことになりますよ。盲腸炎にかかったときに近所の自転車修理屋さんを探すようなものです」と。

ロザリーの演説は雑誌やパンフレットに印刷されることがあり、ますます盛んになる反

＊バーナード・コーエン（一九一四〜二〇〇三）ピッツバーグ大学名誉教授。保健物理学者。邦訳書に『私はなぜ原子力を選択するか』近藤駿介訳（REC出版、一九九四年）。

核運動の重要文書となっていった。「原子力発電と人間の弱さ」は、アルスター郡議会とニューヨーク州議員との公開の会議で行われたスピーチだが、ロザリーは人類を使った壮大な実験だとして原子力発電を非難した。それをシラキューズ平和委員会が印刷して広く配布した。「あれはステート・フェア〔訳注　通常年に一回各州の名産、特産物が展示されたり、子供向けに遊園地が設置されたりする〕のホットケーキのように飛ぶように売れたわ」と友人が書いてきた。反対者たちはこのような初期のスピーチを誇張されているとかヒステリックだとか言って非難した。しかし数年後、原発事故に関する秘密文書や、核廃棄物投棄や、放射能の人体実験が表面化すると、ロザリーの発言が過小評価のように見えるほどになっていった。

活動家として歩み始めたときからロザリーは特に放射線の脅威にさらされている人たち——女性と子ども、先住民、第三世界の人たち、ウラン鉱山や核施設の労働者——のために闘ってきた。このグループの人たちは白人男性の専門家と比べると二重の弱者となっているようにロザリーには見えた。核社会を形成し、「許容」線量をつくったのは白人男性の専門家たちなのだ。恵まれない境遇の人たちはより多くの放射線をあび、自分たちの生活や健康を効果的に守ることがよりできにくいのだ。

もっとも人気のある初期のスピーチ「核の十字路」で、ロザリーは核兵器工場の労働者が危険な状態におかれている実態を攻撃した。特に批判の的にしたのはコロラド州デンバーの近郊にあるロッキー・フラッツ核兵器工場だった。そこでは米国の核爆弾とミサイルの弾頭のすべてに装塡するプルトニウムの起爆装置を製造していた。その工場では事故や火事が起こり、放射性廃棄物が不注意に扱われていたので、当局は注意を喚起することなどないと否定していたにもかかわらず、一般の人たちがデモをするようになった。「ロッキー・フラッツでは重大事故が起こっているので、たぶん土地や食べ物や水が永久につづく汚染にさらされているでしょう。少なくとも三八一人の労働者が許容線量以上の放射線をあびています。……デンバーの人たちは、土地の略奪や、生命維持装置である環境の破壊や、自分たちの才能や労働の搾取や、生命や健康を残酷に掘り崩す仕打ちから自分たちを守るために、行政が重い腰を上げるまで待っているのですか」。ロッキー・フラッツ工場は後に最悪の環境破壊と全核兵器製造工場の中で最悪の施設にランクされ、一九八〇年代の末に閉鎖された。

ロザリーは放射線の影響について語るとき、自己の個人的な経験をもとにすることがよくある。一九七九年、ストライキ中の労働組合に招待されて、テネシー州アーウィンの核燃料工場を訪れた。交渉で膠着状態になっていたのは、労働者の要求している五五歳定年制だった。労働者は「とても六五歳まで生きられない」と信じていたのだ。ロザリーは労働者の外見にショックを受けた。「この人たちは海軍の潜水艦に使うプルトニウム燃料棒を一八年から二〇年間作り続けてきた人たちです。二九歳の人に会いました。髪は真っ白で、まるで六〇歳でした。およそ一〇〇人の労働者に会いました。そのうちの一二人は医者が『変形性脊椎症と早期老化』と呼ぶ症状で脊椎の手術を受けていたのです」とロザリーは回想する。すべての労働者の尿中の血液総量が報告されていたが、ロザリーはこれを見て、放射性物質が腎臓や膀胱のデリケートな組織を破壊しているしるしだと考えた。「労働者たちは正しかったのです。とても六五歳までは生きられません。かれらにたいする社会の圧力はひどいもので、『愛国的でない』と非難していたのですから。一方で、かれらは他に職を得ることはできません。そんなに長い間放射性物質を取り扱ってきた人たちに法的な責任を負おうとする雇い主など一人もいませんよ」。

職場に戻ると、ロザリーは労働者を助けようとする試みを繰り返し妨害された。ニューヨーク州のロチェスター大学保健物理学部長にあてた手紙は、骨髄の損傷を評価するためにロザリーが血液検査を立ち上げようとしたときに何が起こったかを如実に示している。「労働者は同意しましたが、ワシントンDCの医師たちは、血液を採取してそれをロズウェルで分析するためにバッファローに空輸する、という責務を果たさなかったのです」。

後にニューヨーク州の工場でロザリーが労働者の追跡調査をしようとしたとき、一連の障碍に遭遇した。それは法的な妨害であり、部局の再編成であり、環境健康部門の解体であり、ロザリーの研究を支援してきた職員の解雇であった。このような事態は、研究者に情報を得させないよう妨害するというまさに政略的なやり方を使って、「労働者の健康に危害を与えたことは今までに証明されていない」と核産業が豪語しているのだというロザリーの確信を裏付けたのである。

この間ロザリーは、ほとんどすべての核問題を精査の対象として放射線の危険性を包括的に扱った著書『危険はすぐには現れない』(*No Immediate Danger*)に収録するための研究をすでに始めていた。講演に加えてロザリーは宣誓供述書の準備もした。ロザリーが格闘した数多くのテーマを見ると、彼女が核エネルギーの民生面と軍事面にわたって、どれほど広範に研究していたかが如実に現れている。

一九七九年一月、ロザリーはハワイに海軍兵器を貯蔵するという提案にたいする宣誓供述書をホノルルに送った。彼女は海軍の環境影響に関する記述を引用している。

　甚大な爆発が起これば、プルトニウムを含む物質が事故現場の周囲に撒き散らされる。体内に入らなければ、この物質は職員に放射線傷害を起こさないだろう。

宣誓供述書でロザリーは述べる。「海軍がこの致死的な物資を回収する能力を持っていないことが書かれていないし、プルトニウムが事故現場から取り去られるだろうということも書かれていないし……、あるいはプルトニウムが水系に入り込んだり、埃の粒子となって空気中を浮遊するだろうということも書かれていない。実際には、プルトニウムがいったん空気中、水中、食料に入り込めば、人体の外側に遠ざけておくのは不可能だ。事実と反対のことを示唆するということは、発ガン物質に関して公衆を欺く残虐行為である」。

海軍の記述は引き続き次のように忠告する。

もしプルトニウムが火災に巻き込まれれば煙の中の有毒ガスに放射能の粒子が混入する。そのような炎雲は事故現場に限られ、即座に霧消するが、その場にいる人の体内に危険をもたらすだろう。したがって煙を出さぬようにせばならない。

後にロザリーは「これは溺れた人を助ける解決法として水を飲むなと言うようなものですよ」とコメントしている。

ロザリーのメッセージを海外に広める

ロザリーはすぐに海外から講演依頼を受けるようになった。一九七八年五月、アイルランド運輸・一般労働組合の依頼を受けて母方の先祖の地へ旅して、ダブリンで労働者相手に「原子力発電にまつわる倫理的問題」と題する講演をした。ロザリーは労働者がたびたび直面する厳しい問題について熟知していた。仕事はほしいが、自分の健康、家族や地域の人びとの健康を損ないたくない。核産業にとって反核運動が雇用と推進の邪魔になるのはこの点だとためらうことなく述べた。ロザリーは議論の用語を再構成して、それを労働運動の歴史という文脈の中に置き換えた。

「この新しい産業の発展における初期の緊張関係は産業対労働というよりは、原子力産業と社会全体の緊張関係でした。私たちには、地域が政策決定に関与できる手段も、地域が保護される手段もありませんが、労働者が集団交渉で、また補償金で保護されるということは可能なのです」。地域の健康問題が現れてくると新たな対応が必要になる。工業の時代には、職業上の健康の分野が労働者の健康や安全への脅威に対処するために出現した。核時代には、放射線や他の公害物質の引き起こす、公衆の健康への目に見えない脅威が新たな統制――環境衛生を必要とする。

実際的で、地に足が着いていて、専門用語を使わないので、ロザリーの講演は労働者の聞き手と意思の疎通をはかる彼女の能力を十分に示した。「では、私たちはどこへ行けばいいのでしょうか？　家族やそれに続く世代の人たちのためにどのようにして仕事や収入や健康を探せばいいのでしょうか？　私たちにどのような選択肢があるのでしょうか？」

ロザリーの描いたエネルギー選択の骨子は、再生可能な資源を利用するというものだが、これは一般的な流れになるずっと以前からロザリーが主張してきたものだ。「技術は民によって管理されなければならず、人間のためになるものでなければなりません」とロザリーは言う。そのようなエネルギーとは、太陽光、風力、海洋水力、生物反応、地熱、燃料電池などである。それらは集中する必要がなく、比較的単純だから、決定するのにエリートの技術専門家が要るわけでもないし、テロを防ぐために保安警察が必要なわけでもなく、即座に小規模で始められるとロザリーは指摘する。

この時期のロザリーにとってもっとも感動的な出来事は、何度か日本へ旅したうちの最初、一九七八年の講演旅行で大阪へ行ったときのことである。原水爆禁止日本国民会議の主催で広島・長崎原爆三三周年記念講演に招待されて、ロザリーは誇りに感じた。講演の中でロザリーは、毒ガスやバクテリアの使用を引き合いに出して、核戦争の国際的禁止を呼びかけた。「これらはすべて、私たちが生きていくために依存している細胞の生命を破壊します」。これはまた、国際的な広がりを持つ問題を取り扱うのに、効果的な世界法廷のような国際組織を構築することをはっきりと打ち出した初期の例だった。

しかし、日本訪問でもっとも深く持続的な感銘を受けたのは原爆被爆者の家にホームステイしたことだった。人びとの話を聞き、三三年前にそこで何が起こったかを知り、このことを忘れまいと心に誓った。

「被爆兵士」と「風下の人たち」

米国にも原爆の被爆者がいた。米軍は日本で爆心地の後処理をしたが、防護服や安全指針を出すことはしなかった。一九五一年から五七年にかけて、ネバダの核実験場で軍は、核戦争の戦場で「戦術的な」戦闘に耐えられる「強健な」兵隊を作るのに懸命だった。兵隊は爆発直後に実験を観察して、爆発地点あるいはその付近で「核戦争演習」を行うように命令された。さらに、一九四六年から六三年にかけて、ネバダ州、アリゾナ州、ユタ州の大気圏核実験場の「風下」に住む住民や軍人が大量の放射能をあびた。医学的な追跡調査が原子力委員会によって行われたわけでもなければ、起こりうる健康リスクに関して警告が発せられたわけでもなかった。

一九七〇年代になると、日本や太平洋の核実験場や米国内で被爆した米国軍人の健康被害が明らかになっていった。それらの「被爆兵士」の中に、長崎の後処理をしたライマン・クウィグリーがいた。退役軍人局が認めようとしない病気に何年も苦しんだ後、クウィグリーは長崎で知り合った一五人の居場所を突き止めた。国中に散らばっていたので、かれらは互いの戦後の病歴を知らなかった。ほぼ全員が年不相応な健康障害——心臓発作、肺の病気、胃痛、皮膚の疾患——で苦しんできた。軍務との関連で恩恵を受けているものは皆無だった。

クウィグリーが自己の健康障害を退役軍人局に認めてもらうために起こした訴訟の宣誓供述をオレゴン州で行ったとき、ロザリーは放射性の放出物をあびた人の健康を監視する義務について語った。「もし米軍が長崎で後処理作業に携わった兵士の正確な健康記録を持っていたら、被爆による健康被害の度合いを割り出すことができたでしょう。政府がそれをしなかったのであれば、疑いの余地があるかぎり兵士に補償しなければなりません。兵士の体が永久に汚染されるということは、軍務における新しいタイプの傷害ではあるけれど、枯葉剤の場合が認められたのですから、核分裂生成物の場合も認められるべきです」。

しかしクウィグリーは再び退けられた。翌年、五八歳で、五度目の心臓発作により死去するまで、クウィグリーは被爆退役軍人の病歴を調べ続けた。

何年もの間ロザリーは被爆兵士のために闘い、かれらのために何度も証言台に立った。かれらの主張はとうとう認められて一九八八年に画期的な「被爆兵士補償法」が成立し、放射線起因の傷害に関連した一五種類のガンに侵された被爆退役軍人にたいする補償が開始された。二年後にもうひとつの法律「一九九〇年放射線被曝者補償法」が成立し、ネバダ核実験場の風下住民、ウラン鉱夫と鉱石粉砕労働者、ウラン鉱石運搬者、ネバダ実験場の参加者への補償が開始された。

元海軍のパイロットをしていた被爆兵士は、四〇年前の太平洋核実験の際の事故についてロザリーに次のような手紙を送ってきた。

一九六二年七月二四日、一・四メガトンの弾頭が発射台で爆発したとき、三人の航空機搭乗員と地上支援者が地上でそれに巻き込まれました。安全管理者が核の大量殺戮を防ぐために弾頭を破壊したとき、プルトニウムがあたり一面に撒き散らされました。二日たってようやく、滑走路に落ちた瓦礫が片付き、われわれの飛行機を脱出させることができたのです。

なぜ私がこのような話をするかといえば、搭乗員たちがプルトニウム被曝によって八五％の死傷率を負っているからです。二五％が生殖不能に陥りました。私たち夫婦も三人の子どもをなくしました。他の人たちも同じような経験をし、また無数の放射線起因の病気に苦しんだのです。たとえば、非ホジキンリンパ腫［訳注 ホジキン病以外の悪性リンパ腫の総称］、多発性骨髄腫、甲状腺ガン、腎臓ガン、大腸・直腸ガン、関節疾患、視力障害、脊髄神経損傷、食道ガン……等々。

わかっていただきたいのです……、国会で何度も証言してくださったおかげで、私たちのための法律ができ、私たちをはじめ多くの搭乗員があなたのおかげで今日を生きていられるのです。これは本当のことです。そのことを知っていただきたくて……。私たちはあなたのことを肩の上の天使だと思っています。

この手紙を書いたマイケル・トーマスはその後「退役軍人の権利連合」理事をつとめ、病に侵された退役軍人に補償を与える法律を通過させるために尽力した。彼は今、被爆退役軍人の病んだ子どもたちに給付金を与える法案の成立に力を入れている。

低レベル放射線の危険性を証明する

被爆退役軍人や風下住民の放射線監視をしなかったことは、放射線や他の形態の毒物汚染に接した人たちの健康状態を十分に記録してこなかった一つの表れにすぎない。ロザリーはまた国境を越えての健康監視を要求する国際法廷でも著名となった。一九七九年にベルリンで開かれた「世界未来学会」で、技術は人間の健康の損失や増加する遺伝的負荷、大地・

空気・水の汚染を監視する方向で発展しなければならないと主張した。ロザリーは「国際的健康監視」の創設を要求する勧告をしたのだが、それは彼女が核の脅威に焦点を絞った活動をこえて、他の生命と環境にたいする脅威へと対象を広げていったことを示している。そのような機関は結果的には現存する「世界保健機関（ＷＨＯ）」の一部となって、あらゆる種類の地球規模の汚染を監視し報告する公的な機能を与えられるべきだ、とロザリーは陳述した。

ロザリーのように改革を求める人たちの努力にもかかわらず、核産業や監視機関は放射線の健康への危険性を軽視し、せいぜいのところ情報不足の輩だとして批判者を退けた。低線量の電離放射線が人体に危害を加えるということを断固として「証明する」のがどうしてこうも難しかったのだろうか。原爆被爆者のように放射線にたいする反応の研究対象となっている人は、たいてい一〇〇レムかそれ以上の線量をあびている［訳注　ＡＢＣＣやＲＥＲＦは爆心地から二キロメートル（当時の推定線量で二五レム）で被爆者を線引きして、これ以下の線量では放射線障害は起こらないと言ってきた。しかし、日本被爆者団体協議会などの調査によると二キロメートル以遠で被爆した被爆者にも脱毛や下血などの放射線急性障害が起きていた。ついに二〇〇八年三月一七日、日本では残留放射能を認める新基準が決定され、四月から施行される。しかし、原爆症認定集団訴訟の原告団はこれを不十分だとして、訴訟を続ける決心をしている］。長年の間、原発や核兵器工場、核廃棄物処分場の近くに住んでいる人たちの、一〇レム以下の被曝については信頼できるデータがほとんどなかった。この理由の大半は適切な研究――特にそのような人たちの以前の健康状態と何年も被曝し続けた後の状態とを比較した研究――がなされてこなかったことにある。

最も頻繁に観察された放射線被曝の影響はガン。しかし放射線に起因するガンは他のガンと区別しがたいので、その人たちが通常ガンにかかる数との関連から統計的に推し測るしかない。産業社会のガン死亡率は高いので、比較的少数の放射線による過剰死を見つけるのは統計的には非常にむずかしい。

最初の被曝から死まで継続的に研究を続けなければならないので事態はさらに複雑になる。低線量被曝の場合、ガンは誘発されてから五～五〇年もの潜伏期間があるが、研究対象は通常同一の場所に何十年も住んでいるわけではない。さらに、被曝グループと比較するための対照グループの選定がむずかしい。たとえば、放射線労働に従事する労働者は、厳しい身体検査を経るので、最初の就労時には一般人よりも健康である。「健康な労働者にたいする影響」を考慮すれば、対照グループもまた一般人よりも健康でなければならない。

このようなわけで、「許容線量」のためには原爆被爆者のデータよりも理にかなった低線量放射線被曝の研究を行うのは困難だった。しかし一九七〇年に米国の第一線の疫学者トーマス・マンキューソ＊がそのような研究を発表し、規制や科学界の大御所を揺さぶった。

一九六五年、原子力委員会は、長期にわたる健康影響の分野の開拓者であるマンキューソ博士にワシントン州ハンフォードの核施設で働く労働者の放射線被曝影響を研究するよう要請した。ハンフォードの労働者の被曝量は他の核施設より低いので、軍はハンフォードを「お手本」だと考えていたとロザリーはコメントしている。「ハンフォードはひも付きでない独立した科学者に研究を許すことのできる唯一の施設でした。したがって、マンキューソの出した結果が大きな抵抗を受けたのです」。この大規模な核兵器製造施設はマンハッタン計画の時代に設立され、プルトニウム製造複合施設と大きな核廃棄物処理施設からなっている。潜伏期の長いガンを捉えることができるように、マンキューソは一九四〇年代にまでさかのぼるデータを集め、一九七〇年代まで研究を進めた。最初は、労働者が一般人よりも大きな被害を受けているという証拠は見つからなかった。

その否定的な中間結果を公表するようにと原子力委員会から矢の催促をされたが、マンキューソは不完全なままでデータを公表することを何度も拒否した。後に情報公開法によっ

＊トーマス・マンキューソ（一九一二〜二〇〇四）一九六三年よりピッツバーグ大学公衆衛生学部に勤める。一九七七年、ハンフォードにあるプルトニウム施設の作業者たちを大々的に調査して、多年にわたる蓄積による放射線被曝によりガン死亡者が増加したと報告した。

て得られた極秘メモによると、最終結果がどうなるかを疑っていた人は多かった。原子力委員会は、特に、自分たちは間違っていないのだという理論を正当化するための政治的理由から研究を委託していたが、被雇用者たちが危険な影響を受けていないとの保証が出るとは確信していなかった。かれらはまた、否定的な結果が出れば放射線関連の傷害にたいする補償要求に対抗するのに利用できると考えていた。

一九七四年、もう一人の研究者サミュエル・ミルハム*がハンフォードの労働者の中から過剰ガンが出ていることをつきとめ、公表する前に原子力委員会に提出した。委員会はマンキューソに電話をかけ、ミルハムの結果はハンフォードの労働者にはガン過剰死が見られないとのマンキューソの研究結果とは相容れないとの意見を表明するよう命令した。マンキューソが拒否すると、もう一年残っていた契約期間を、期限切れ以降は更新しないと通告してきた。

契約の最終年に、マンキューソは自己のデータ分析を続けるために、高名な英国の疫学者アリス・スチュワートと英国の統計学者ジョージ・ニール〔訳注　アリス・スチュワートの共同研究者〕に助力を依頼した。かれらの出した結果は、ハンフォードの労働者に表れたある種のガン死は通常の期待値の約六倍高いことを証明した。マンキューソが公表の準備をしている中、原子力委員会は公表に反対し、契約を終結して彼の事例ファイルを押収し、その研究を原子力委員会の他の二つの施設に移した。しかし、マンキューソは予備のデータを取っていたので、英国の同僚とともに分析を続け、通常ＭＳＫ〔訳注　マンキューソ、スチュワート、ニールの頭文字〕研究と呼ばれる論文を発表し、論争の的となった。ひき続きデータを再分析すると、ハンフォードの労働者には多発性骨髄腫とすい臓ガンが有意に過剰であることが確認され、両方とも放射線に起因したものであることがわかった。関係者全員をよく知っていたロザリーは、数学者ジョージ・ニールの統計学的分析に驚嘆し、「最高にすばらしい」と絶賛した。

「浮浪人科学者」の運命

原子力委員会の「路線」と反対方向の研究結果を出したとき即座に罰せられた科学者・保

＊サミュエル・ミルハム　ワシントン州公衆衛生局の疫学者。一九七四年、マンキューソに先駆けてハンフォードの労働者のなかから過剰ガンが出ていることをつきとめ、公表する前に原子力委員会に提出した。一九八二年には、電気技術者の健康障害に関する研究報告の中で、電気関連の労働者は、白血病にかかる危険性が、他の職業の労働者に比べて約二倍であることを指摘した。

健公務員はマンキューソばかりではなかった。科学界の指導的立場にある人たちを含む他の多くの人たちもまた、名声や研究補助金や生活手段を失った。

一九六〇年代にさかのぼると、エドワード・ワイス博士がユタ州南西部で白血病死と甲状腺ガンが増加しているのに気づいた。その場所は核実験場の放射性降下物の降る風下に当たっていた。ワイスへの連邦基金は取り上げられた。原子力委員会の役人が作った極秘メモには、危険にさらされている事柄として、公衆の意見が反対にまわること、裁判、ネバダ実験場の計画が危険にさらされることと記されていた。

ジョン・ゴフマン博士*は核当局者からとても尊敬されている学者だった。頭脳明晰な核科学者で、大学院生のときにウラニウムからプルトニウムを分離する方法を発見し、マンハッタン計画ではそのプルトニウムを使って爆弾が作られたのである。ゴフマンは後に医学部を卒業し、カリフォルニア大学バークレー校で分子細胞生物学を教えた。その後、カリフォルニア州北部にある原子力委員会のローレンス・リヴァモア研究所の放射線生物学研究の長に任命された。そこは原子力委員会が監督している重要な核複合施設だった。

一九六九年までに、ゴフマンと同僚のアーサー・タンプリン博士*は、放射線に安全なしきい値があるとの原子力委員会の主張には根拠がないとする結論を導き出していた。かれらは放射線に起因するガンのリスクは以前に考えられていたよりも約二〇倍高く、遺伝的傷害として現れる未来世代にたいする危険性はさらに深刻に過小評価されているとした。かれらのスタッフや予算は大幅にカットされた。その結果ゴフマンとタンプリンは辞任した。かれらは共著『毒されたエネルギー――反核エネルギー宣言』〔訳注　邦訳は『原子力公害――人類の未来をおびやかすもの』〕を出版し、公開討論会や公聴会や反原発集会に出るようになった。かれらの強力な科学的実力のおかげで核エネルギーに反対する運動はこの上ない信用を得ることができた。

ロッキーフラッツ・プルトニウム工場のあるコロラド郡の保健所長をしていたカール・ジョンソン博士〔訳注　皮膚科医〕は、業者から、工場に隣接する住宅地を拡張したいので許可を出してほしいと依頼された。ジョンソンが土地サンプルを分析すると、場所によって

＊ジョン・ゴフマン（一九一八〜二〇〇七）核物理化学者・医師。一九四二年カリフォルニア大学バークリー校大学院在学中にマンハッタン計画に参加。邦訳にアーサー・タンプリン博士との共著『原子力公害――人類の未来をおびやかすもの』徳田昌則監訳、アグネ、一九七四年、『原発はなぜ、どこが危険か』小山内宏訳、ダイヤモンド社、一九七五年、単著『人間と放射線――医療用X線から原発まで』今中哲二他訳、社会思想社、一九九一年。

＊アーサー・タンプリン　一九七二年来日して原水禁世界大会国際会議で講演。原発立地点や都市で放射能や原発の危険性について講演して、日本の反核・反原発運動の発展に寄与した。ジョン・ゴフマン博士との共著は前述。

は通常の三千倍のプルトニウムが濃縮されていた。さらに調査を続けると、プルトニウムにさらされている地域の住民に種々のガンが増加していることが判明した。ジョンソンは解雇された。

他にもこのような例は枚挙にいとまがない。一九七八年のマンキューソとスチュアートを支持する国会公聴会で、アーウィン・ブロス博士はＭＳＫ研究や三州白血病研究の成果を抑圧しようとする試みを「核実験の放射性降下物に関する激しい攻防にまでさかのぼるあさましい話だ」と特徴づけた。「研究者は危険性を発見しなければ褒美をもらい、低レベル放射線は無害だとする原子力委員会の公式路線を支持することができなければ罰せられる」と。

ロザリーを含めた三州白血病研究者が次の犠牲者となった。

第4章

危険の中で生きる歳月

三州白血病研究にたいする国立ガン研究所からの補助は一九七八年に更新の時期を迎えた。結論は予想通りだった。研究の結果はエックス線を白血病と結びつけるものであり、マンモグラフィの集団検診を批判するものであった。ロザリーはおおっぴらに反核活動をしていたので、放射線の専門家や核産業やロザリーを雇用しているロズウェルパークはいらだっていた。国立ガン研究所は研究班の資金請求を却下し、補助金申請用紙の下段に「もし研究の方向を変えるなら、新たに申請することができる。われわれはそれを望んでいる」と書き付けた。ロザリーはこの示唆をとんでもないことだと判断し、一九七八年の六月一日に辞職した。九人の研究班は散り散りになってしまった。

三州研究の補助金却下により放射線関連の事業には高度の政治介入があることがますますはっきりした。エネルギー省（DOE）長官への書簡で、ジョン・ダーキン上院議員は「エネルギー省の行動は低レベル放射線の健康影響に関する研究に水を差す」恐れがあると述べた。「このような独立系の研究にエネルギー省が介入する形」を遺憾として、ダーキンは続ける。「最近、国立ガン研究所は、バーテル博士の研究にたいする無署名批判が出回った後にバーテル博士への財政支援をカットしたが、その批判は明らかに、エネルギー省の環境次官補代理であるジェイムズ・リヴァマン博士の手になるものである。リヴァマン博士はその批判がバーテル博士の専門的能力を問題視しているにもかかわらず、バーテル博士にコピーを送るのはまずいと考えたのだ」と。

エネルギー省の問題点が一般にも徐々に知られはじめて、その後の核体制の大改革につながるのだが、ロザリーの学問上の生命を守るには間に合わなかった。四九歳にしてロザリーは学問上のあらゆる権利を手放したが、その中にはニューヨーク州立大学大学院との提携も含まれていた。何年か後にロザリーは当時の喪失感を「タイピストもいなければ助手もいず、コピー機も印刷室もなく、威信ある学会に入っているわけでもなく、考えや研究成果を共有する同僚もいない状態でした」と述懐した。ロザリーは再び学会に足場を築くことはなかった。

公衆衛生を憂慮する聖職者

災いの前兆はずっと前から見えていたので、ロザリーはすばやくグループをつくりなおした。「公衆衛生を憂慮する聖職者（ＭＣＰＨ）」の設立はロザリーの生き方と仕事を特徴づける実用性と予見性の両方を兼ね備えたものとなった。七月、ロザリーは灰色修道女評議会に「私の時間とエネルギーを『公衆衛生を憂慮する聖職者』にささげること」を許可してもらうための依頼書を書いた。それは核企業によって公衆が受けた放射線被害に焦点をあてるというものである。「私はこの仕事を『地球教育の仲間（GEA）』と協力して遂行する予定です。当面、真相を見抜くための見識や希望を共有しながら、バッファローの事務所で仕事をします」。ロザリーは法律的な助言者の名簿と適切な財政的準備計画を提出した。反対されることを十分に考慮して、手紙を次のように締めくくった。「私はけっして財政的危機に陥らないよう努力しますし、どうしたわけか、地上的なそして天上的な支援によってそのような事態には陥らないだろうと感じております」。

一九七八年、MCPHが発足した。灰色修道会に送った手紙には報酬体系と援助金を次のように記している――専門的証人は四〇〇ドル、講演（大学・病院）は一〇〇ドル、相談は一日につき一五〇ドル、旅費は主催グループもち、托鉢、神のご加護。さらにロザリーは、秘書役として支援することに同意してくれた有能な文章家のオードリー・マング［訳注 現在もニューヨーク州を中心に非暴力プロジェクトで活動］が「私の発見を広めてくれ、出版物を通して原子力委員会を分裂させることができる」と期待していた。

MCPHの設立を祝ってくれた人の中にカール・モーガンがいた。モーガンは保健物理学の創設者で、マンハッタン計画の最中にそれを立ち上げた。保健物理学は電離放射線の健康への危険性をすべて認識し、評価し、管理することを目指している。モーガンはICRP（国際放射線防護委員会）の内部被曝部会長を一四年間務めてきたが、一九七〇年代の半ば、許容線量を半減するべきだと発言したとたんに科学界から村八分にされた。「不幸なことに、多くの場合、たいていの科学者、医者、弁護士は自分たちの知った真実よりも職業を優先させるのです。私はあなたのような器量の方がおられることを誇りに思います。あなたのような方たちは、ただ金になるというだけの理由で手に入れたいものを思うがままに手に入れる強力な組織に抗って、率先して公衆を守るために全力を傾けるのです。民主主義を機能させるのはあなたのような方たちです」とモーガンは書いてきた。

翌年ロザリーはGEAと正式に同意書を交わした。これはロザリーが長年にわたって協働と友情を培ってきた平和教育組織である。またGEAは、宗教的なコミュニティと地球的な広がりの上に成り立っている。かれらはロザリーが主導して行う仕事を、自分たちの支援による、保健とエネルギー問題を取り扱う国際的なプロジェクトチームとして受け入れることに同意した。この取り決めにより、MCPHは国連で非営利法人の地位と非政府組織の地位を得た。自らの活動のための組織の骨格をつくるのとは別に、ロザリーは個々の研究者に専門的な支援の手を差し伸べたいと思った。「私たちは投資から得る利益もありませんし、軍や経済政策よりも公衆の健康を守ろうと決心しているので、資金や名誉を失いさえするのです」。

父親似でビジネス感覚にすぐれていたので、ロザリーは支出、収入、MCPHの事業を綿密に記帳しており、それは実質上ロザリーの仕事となった。一九七九年から八二年にかけての活動の記録には目を見張るものがある——米国、カナダ、西ドイツ、英国での研究プロジェクト、マーシャル諸島、フランス領ポリネシア、米国での研究計画、『放射線の健康への影響を知るためのハンドブック』(*Handbook for Radiation Health Effects*)〔邦訳『放射能毒性事典』渕脇耕一訳、技術と人間刊、一九八七年〕の出版。七四の宗教グループ、六八の大学、一一九の公共および市民グループ、六九の病院あるいは衛生関係労働者のグループでの講演やワークショップ。一九七九年には八三回、八〇年には七九回、八一年には六六回、八二年には八三回——四大陸にまたがってロザリーはこの四年間で年に平均八〇の仕事をこなしたことになる。

驚くべき活動量。ロザリーは五〇歳台に入っており、必ずしも頑健ではなかった。常に財政的に逼迫しており、目白押しの日程の背後にはいつも経営的努力が両肩にかかっていた。この期間、広範囲にわたる講演契約に加えて、ロザリーは『危険はすぐには現れない』(*No Immediate Danger*)のための研究をし、専門誌の発行をし、そして新しい国カナダに引っ越したのだ。一九八〇年にオーストラリアからインドに飛ぶ機中で「もう疲れた。孤独な人生だわ——落ち着いた静寂な生活をしたい。今すぐにでも」と言ったとしても驚くにはあたらない。

ロザリーが「公衆衛生を憂慮する聖職者」を設立したころ、米国の民間原子力発電会社は勝ち残りに命をかけていた。一九七八年の一二月、ロザリーは、ロチェスターの六時の人気ニュース番組で、近くのジンナ原発について話をするよう依頼されていた。会社がそれを聞いて同じ番組に三人の代表——副社長、広報専門家、会社から任命された代弁者である保健物理学者——を送りたいと要求してきた。

ロザリーと、はっきり意見の言えない若い物理学者との短い論戦があったが、明らかに彼の護衛者たちはこの若者に不服だった。ロザリーが帰るとき、そのうちの一人がロザリーの後をつけてきた。「ドアを出ようとすると、その男は私に向かって拳骨を振り回し、『お前を殺してやる！　ここから出て行って二度とふたたびロチェスターに戻ってくるな。ここにいてもらったら困るんだ』と言ったのです」。ロザリーはこの脅しを警察に訴えようかと思ったが、夕方に講演があるので、ここは引き下がって心を静めようと考えた。ロザリーが保存している当時の新聞切り抜きを見ると、政府の監視が厳しくなったのと、高額の損害要求が出始めたのとで、電力会社は一般市民の批判に特に神経を使っていたようだ。一つの話によれば、ロバート・E・ジンナ原発は、配管にひびが入っている可能性があるので原子力規制委員会が一時的に閉鎖するよう勧告したウエスティングハウス社製の三三の原発の一つにあがっていたという。会社の代弁者はたいして危険な状態ではないと否定した。他の切り抜きによれば、ロチェスターガス電気会社にたいして、不当な放射線被曝にたいする三件の裁判が係争中だった。

このころは、連邦政府の役所でさえ放射線政策は不十分で危険だと不服に思っていた。たとえば、米国政府の会計局は、公的な放射線管理は住民の四〇％の被曝しか測らず、残りの六〇％の被曝線量に関しては「経験に基づく推測」にしか過ぎないと警告している。さらに「放射線レベルは増加しており、現在生きている人びとの健康ばかりか、遺伝的傷害により将来の世代にまで影響を及ぼす」と付け加えている。一九七九年には、他の政府研究機関が、核施設の周辺では核の非常事態に備えて緊急避難の準備をする必要があると報告している。

たまたまこの報告はスリーマイル島原発事故の二日後に発表された。

スリーマイル島

一九七九年三月二八日、ペンシルヴェニア州ハリスバーグ近郊にあるスリーマイル島（TMI）原子力発電所で、一連のミス、故障、誤判断により半時間足らずの間に炉心溶融事故が起こった。米国史上もっとも深刻な原子力発電事故は、周辺地帯に放射性排出物を撒き散らし、米国原発産業の心臓部に杭を打ち込んだ。政府や規制機関は、周辺住民の被曝量はせいぜいエックス線撮影一回分だと住民を安心させる新聞発表をし、大掛かりな広報活動を開始して、事故を小さく見せようとした。マンハッタン計画の立案者であったエドワード・テラー博士*は、その爆発に起因する障害は大騒ぎによって引き起こされた心臓発作だけだったと主張した。テラー博士は二〇〇三年に九五歳で死亡した。

風下に住む三〇〇人の市民調査団は、ペットや家畜の傷害や死を数多く集めた。数ヵ月後、調査団は原発運転員の手順の不注意とメトロポリタン・エディソン社の訓練の緩みとを非難した。原子力規制委員会は労働者の技量レベルが低く、事故にたいして十分に対応しなかったと批判された。事故にまつわる「ストレス」の心理的影響は調査されたが、人間や動物の身体的影響は調査されなかった。

後にロザリーが語った話は事故の結果を隠蔽するのにどのような手が使われたかを説明している。「今までで一番こっけいな科学的場面は、スリーマイル島事故のあとに起こったものです。一人の男が商売で鶏を飼っていたのですが、事故の日の午後半日で一四〇〇羽を

＊エドワード・テラー（一九〇八～二〇〇三）ハンガリー生まれでアメリカに亡命したユダヤ人核物理学者。水爆開発にも携わる。

失ってしまったのです。彼はこの事件を事故と結びつけて地域の保健局に電話し、保健局はワシントンに電話しました。時を移さず役人が家にやってきて、死んだ鶏を持ち去りました。私は彼の受け取った農務省からの書類を見せてもらいましたが、それは鶏のかかる既知の病気のリストで、すべて『ノー』のところにチェックがついていました。ページの最下段に『既知の理由不明』と書かれています。それが、一四〇〇羽がある午後いっせいに死んだ、スリーマイル島事故の最中に彼が受け取った書類なのです。『核分裂事故』が政府のリストに載っていなかったからです！」

ジェーン・フォンダが原子力発電所の巨大な隠蔽工作を調査する勇敢な主役を演じ、すばらしい演技を見せた『チャイナ・シンドローム』が偶然にもちょうど事故の三日前に封切られたばかりだった。映画の中でフォンダは安全の専門家に会い、炉心溶融は「ペンシルヴェニア州がまるごと避難しなければならないような事故」だと聞かされている。この映画は全米で満員の観衆を集めた。

スリーマイル島事故は米国とヨーロッパで反原発運動の波を起こす起爆剤となり、一九八二年には一三〇万人を引き寄せたニューヨーク市の一大平和行進［訳注　第二回国連軍縮総会に向けた反核平和国際行動］へと盛り上がっていった。一九八一年、市民グループはスリーマイル島施設にたいする集団訴訟に勝利し、法廷外の和解で一五〇〇万ドルを勝ち取った。

それには獲得金の一部を低線量電離放射線の健康影響研究に使用するようにとの条件がついていた。科学者はスリーマイル島事故被災者の長期にわたる健康影響について現在も議論を続けている〔訳注　二〇〇七年一月に被曝二世の会の招聘で来日したスティーブ・ウィング博士によると、この裁判は財産と経済的被害に焦点が当てられたもので、裁判の結果、原子力産業からの和解金をもとに「ＴＭＩ公衆の健康基金」が設立された。ウィング博士はこの基金の支援によって実施されたコロンビア大学による研究を評価しなおして、ＴＭＩ被災者の健康被害を明らかにした〕。

批判者と敵たち

ロザリーが継続的に批判を続け、世間から際立って注目をあびていることを不愉快に思っている会社はもうひとつ、原子力産業の立役者コンソリデイテッド・エディソン（ＣＥ）だった。一九七九年の九月、ＣＥシカゴ営業所のＨ・Ｅ・ブリス博士は、シカゴ大学名誉教授、放射線学のジョン・Ｈ・ラストにロザリーの科学的信頼性について尋ねた。そして、その広範な返答はロザリーの反対者が彼女の信用を落とすために使う手口の例証となっている。ロザリーは学問的な肩書きで呼ばれたことがなく、常に「シスター」と呼ばれている。ロザリーの生物学理解、過去の研究に関する知識、放射線について語る彼女の権威はすべて退けられている。ラスト博士はこのように始める。「シスター・ロザリー・バーテルをはじめとする多くの人には、目に見えず認識もできない生命の危険から人びとを守ろうとする、熱烈で心のそこからの願望があるのです」。彼はロザリーが生物統計学に秀でていることを認めるが、放射線による老化に関する彼女の仕事にはなんら新味がないとする。彼女は生物組織の複雑さを見逃しており、長期にわたる低線量被曝を十分に取り扱うことに失敗しているとする。「つまり、研究が始まる前から念頭にあった論点を確立するために単純な数学を不適切に使用するのは、まったくお門違いだと結論せねばなりません。……話を戻しますが、彼女は人道的な理由から行動しているのだと私は考えます。そういう理由でなら彼女を許すことができるでしょう」。

この手紙は新聞社に「リーク」され、メディアの中にいるロザリーの支持者からロザリーの手に渡った。ロザリーは、間髪をいれず、自己のメッセージをつけて手紙のコピーを原子力規制委員会（NRC）のロバート・ミノーグに送った。彼女の返答は迅速かつ肯定的に自己を守る手法とともに、役に立つ支援仲間をつくり、支援のネットワークを構築する能力を示している。

ロザリーは書いている。「同封した手紙は先週私に通常の取材をしないよう圧力をかけられたメディア関係の方からもらったものです。私は市民グループとニューヨーク州メキシコ市長の招待で、低線量放射線について話すためその場にいました。この手紙が労働者の健康に関するNRCの審判のための公聴会に出した私の請願にたいするコンソリデイテッド・エディソン社の反応であることは明らかです」。そのような「大きな間違い」を正すのに長い時間が必要なことを記して、ロザリーは、手紙の筆者は私の仕事を解釈することもできていないようですと結論づけた。「待ち伏せして矢を射てくるこの種の仕打ちに、私はどのように対応すればいいのでしょう」とロザリーは問いかける。「科学的問題を正規の公聴会にも ち出し、適正に取り扱ってもらうために、私たちはどのようにすればいいのでしょうか」。

同日、ロザリーはラスト博士あてに短いメモを書いた。「親愛なるラスト様、同封しました私の仕事にたいする稚拙な批判が、先週、私の信用を失墜させるためにニューヨーク州オスウィーゴのメディアに出回りました。私の仕事に精通している機敏な人は心を動かされませんが、初心者なら影響されるかもわかりません。この手紙があなたによって書かれたものなのかどうか、コンソリデイテッド・エディソン社が専門家の倫理に反するこのような行為を許可されたのかどうか、十日以内にご返信をお願いいたします。敬具」。

指定日以内に電報が届いた。「二八日付けの手紙を一〇月五日に落手。お尋ねの手紙はブリス博士の依頼により小生が書いたもの。これは私信ゆえ用途に制限はなし。小生もコンソリデイテッド・エディソン社のだれも公に配布する許可を出さず」と。

同じ時期に、カソリック教会を通じて圧力をかける試みがあった。セント・ローズ大学でロザリーが講演したあと、ニューヨーク州放射線科学研究所のジョン・マッゼック博士は、オールバニー大主教のハワード・J・ハバード師に抗議した。この手紙でマッゼックは原子力発電を擁護し、ロザリーの研究を酷評し、彼女の向こう見ずな行為を援助する教区の姿勢を批判した。「シスター・バーテルとその師ドクター・アーウィン・J・ブロスは過去に自分たちの科学的な考えを同僚や国会の委員会や種々の規制当局の前で発表してきました。どの場合も、その考えは不正確で内容空疎なもので、……科学雑誌に採用されることはありませんでした。その結果、シスター・バーテルとドクター・ブロスは方向転換して、科学的信憑性が証明される必要のない素人の出版社から論文を出版し、またセント・ローズのセミナーのようなところで政治的な発表を行っているのです。教区がこのような発表に支援を与えるのはとんでもないことだと私には思えます」。

大主教はこの書状をロザリーにまわし、ロザリーは間髪を入れず返答した。「マッゼック博士ほどの地位にある者があのようにあいまいで、取り付く島のない、有害なほのめかしを無責任に撒き散らす」ことを憂慮するという表現で書き出して、ロザリーは自己の仕事もブロス博士の仕事も一流の学術雑誌に載せてもらえなかったから一般の出版物に載せる羽目になったのだという マッゼック博士の非難に論を進めた。

ブロス博士の仕事は『ニューイングランド医学誌』や『米国公衆衛生協会誌』に受理されました。私の方法論は『外科腫瘍学会誌』や二つの国際学会誌『医学誌』と『エクスピリエンシア』に発表されています。私は何の問題もなく、国際生物測定学会で自分の方法論を発表しております。私は学会誌とともに、一般誌にも発表しております。科学的研究の費用を持つのは最終的にはアメリカ国民ですから、私は発見したことを国民に還元する義務があると感じております。このことは、既得権が情報管理に大きく関係している放射線関連の研究においては特に重要なのです。……この手紙を私に見せてくださり、また核問題における教会の地位に関心を示してくださったことに感謝しております。

「だれがシスター・ロザリーを殺そうとしているのか？」

このやり取りがあってすぐ、ロザリーの命にかかわる事件が起こった。きっぱりと核を批判したがために命の危険にさらされたのはロザリーばかりではなかった。何年にもわたって、数々の疑わしい事件や死についてささやかれてきた。もっとも知られた犠牲者はオクラホマ州のプルトニウム製造工場、カーマギー社の若い技術者カレン・シルクウッドだった。徐々に工場の労働条件に疑問をもちはじめ、シルクウッドはとうとうワシントンの原子力委員会にカーマギーが健康安全規制に違反していると通告したのだった。その話は後にメリル・ストリープが運命的な告発者の役を演じた映画『シルクウッド』でドラマ化された。

一九七四年一一月一三日、シルクウッドが自分の主張を保証する報告書を携えて労働組合の幹部と『ニューヨーク・タイムズ』の記者に会いに行く途中、シルクウッドの車が道路から脱落した。車が後部から押された痕跡を後に調査した私設探偵が見つけているにもかかわらず、オクラホマのハイウェイ・パトロールは、シルクウッドが居眠りをしてハンドルにもたれかかったから致命的な事故が起きたのだと裁定した。二人の断固とした女性活動家の努力の甲斐あって、シルクウッドの父親は損害賠償の訴訟を起こした。

シルクウッドの裁判は一九七九年中大きなニュースとなっていた。最終的には三月に裁判となったが、同じ月にスリーマイル島事故が起こり核問題がトップニュースとなった。連邦裁判所はカレン・シルクウッドの財産権の莫大な損害を認めてカーマギー社に罰金を課すという画期的な決定をした。

約半年後に、今度はロザリーがシルクウッド事件の再現のように思える、数分間の恐ろしい経験をした。同年の一〇月、ロザリーはロチェスターのハイランド病院で放射線の危険性について講演をした。ロチェスターは一年前に核当局によってロザリーが「追放」された町で、この講演は前もって大々的に宣伝されていた。講演後ロザリーはラッシュアワーの三車線の高速道路を家路に急いでいた。と、そのとき突然「左手に白い車がついているのに気づきました。あまりに近づいてくるので、私は後ろに引きました。すると運転者は巧みに前に割り込んできて、固くて鋭いもの――金属だと思いますが――を私の左前車輪の方に一列に撒いたのです。それが来るのが見えたのですが、よけることはできません。私はそれが両輪の間に来るようにしようとしましたが、左内側の車輪がそれに当たってパンクしてしまいました。乗っていたのが小型のトヨタでしたから、まともにそれにぶつかっていたら、車はもんどりうって倒れていたでしょう」。

被害状況を調べていると「郡保安官」のマークをつけた茶色の車が横付けになった。車には制服を着ていない二人の男が乗っており、運転手は見えなかった。「男は何が起こったのかと聞き、一部始終を話すと、その車のナンバーを覚えているか、その金属を持っているかと聞いてきたので、私は両方とも否定しました。すると、自分は管轄外だが、先ほど無線連絡したので、ロチェスターの警察がまもなく到着するだろうと男は告げました」。

警察は来なかった。これは怪しいと思い、ロザリーは脇道を通って家路を急ぎ、弁護士の兄に連絡をとった。兄が翌朝、警察を訪ねると、警察は二番目の車は保安官のものではないと保証した。「第二の車は第一の車とぐるになって、一部始終を見届けるために後をつけていたのです」とロザリーは結論づけた。後にその事件を論じた際、ロザリーは以前の脅しがあの不思議な事故と関係がある証拠はないと強調した。しかし、明らかに、ロザリーを消したいと思った者があったことは確かだ。

その出来事は新聞のトップニュースとなり、雑誌の特集「だれがシスター・ロザリーを殺そうとしているのか?」となったので、あふれるような同情と支援が集まった。新聞の論説は過去の検閲や研究費の剥奪について論じた。自己の特殊な科学や活動にとって米国が安全な国であるかどうかという深刻な不安にロザリーは襲われた。しかし、一時的にその不安を打ち消して、ロザリーは新たな大陸に向かった。

オーストラリアで受け入れられる

恐怖やいやがらせが続いても、ロザリーは以前から計画されていた労働組合の招待によるオーストラリア講演旅行をやめなかった。一ヵ月というもの、ロザリーは職場集会、保健の専門家、教会のグループ、大勢が集まる大集会で講演した。米国での経験を例にひきながら、ロザリーはウラン採掘、原子炉、鉱山や工場から出る放射性廃棄物の長期にわたる危険性について、労働組合のメンバーや一般市民に警告した。

南オーストラリア州アデレードではオーストラリア議会のウラン資源選定委員会で、ウラン鉱夫は空中の微粒子と呼吸で吸い込むラドンガスの両方により放射線の危険にさらされていると証言した。ニューメキシコでウラン鉱夫の孫たちが骨ガンに苦しんでいることを告げた。このように例を挙げて、ハーマン・マラー博士がこの領域でノーベル賞を得て以来知られている放射線の遺伝的影響を説明した。

オーストラリアに来てからの経験をもとに、ロザリーは続ける。「私はウラン採掘の残滓投棄場をラム・ジャングルで見学することができました。柵があるわけでもなく、放射能の警告表示もありません。廃棄物は米国より高く積み上げられていたのに、警備員もいませんでした。給水場からの水が飲料には適さないとの標識がありましたが、鳥や動物がその標識を読めるとは思えません」。

議会からは礼を尽くして受け入れられたが、核推進側は専門レベルで話し合おうとロザリーを呼びはしなかったし、公開討論会へのロザリーの招待にも応じなかった。シドニーでロザリーはラジオのトークショーのインタビューを受けた。後に書いているのだが、「インタビューの間オーストラリアの『信頼のおける専門家』が別室に控えてインタビューを聞き、メモを書いては聞き手に渡していたのです。私がスタジオを去ると、その『信頼のおける専門家』には、私が反証できないところで私の発言に反論するために一五分間が与えられていました。彼は私の能力と個人的な信頼性について攻撃しました。私は直接に侮辱されたのに反論が許されていなかったのです。……私は帰国後弁護士の兄に頼んで彼に手紙を書いてもらいました」。オーストラリア医学雑誌の記事にさらなる侮辱が載った。筆者はロザリーの見解を支持する科学的証拠がないと述べて、次のように付け加えた。「シスター・バーテルの講演は感情に訴えかけ、事実の隠蔽から計画的な殺害にいたるまで、彼女の意見に反対する者の犯罪を列挙して同情を買おうとしている」。

それでもなお、招待してくれた労働組合のメンバーや講演を聞くために詰めかけてくれる聴衆の歓迎振りに、ロザリーは大変喜んだ。「オーストラリアには暖かい思い出が残りました。何人かの労働組合員は今まで招待したうちでもっとも成功した、重要な『外国人招待』だったと言ってくれましたよ」。メルボルンの州評議会はスタンディング・オベーションでロザリーを称えた。それまでで三度目のことであり、女性にたいしては初めてのことだった。

この旅行とインドへのもう一つの旅行に続いて、ロザリーは絶好の機会に直面し決断を迫られた。カナダのトロントにある「社会的信頼と正義のジェズイット・センター」からエネルギーと公衆衛生の専門家としてともに仕事をしてくれないかと依頼されたのだ。しばらくのあいだ、ロザリーは躊躇した。バッファローは故郷、しかしこの故郷はもはや快適な場所ではない。おそらく母方の故郷に居を移す時なのだろう。ロザリーは北に向けて飛び立った。

2006年8月　宝塚にて（左は付き添いのシスター、アイリーン・ホワイトさん）
（撮影：中川慶子）

第5章

花開くとき

『危険はすぐには現れない』の最終章「花開くとき」でロザリーは希望のある未来の可能性に思いを馳せた。これはまた、トロントでの一〇年間に見られるロザリーの人生の開花を表現するのにふさわしい見出しのように思われる。ロザリーはこの地で公衆衛生研究所を設立し、健康と環境の代弁者として世界的な評価を得、多くの名誉博士号や賞をもらったが、それはロザリーを受け入れた国と世界から認知されたということを示している。

ロザリーが一九八〇年に移住したとき、専門的領域でカナダはまったく知らない国ではなかった。ブリティッシュ・コロンビア、サスカチェワン、オンタリオの審問でウラニウムの採掘と精錬の危険性を証言したことがあるからだ。アメリカの核状況にくらべ、国境を越えた北の状況はロザリーに訴えることがたくさんあった。自分たちの村のウラン採掘計画に反対して勝利したブリティッシュ・コロンビアの活動家たちは核について高度の認識を持っていたし、物理学者たちは放射能の健康への脅威について見識ある態度をとっていた。何よりも、カナダは核兵器をつくらないという選択をしていた。二〇〇一年のマクブライド平和賞の受賞講演で、ロザリーは「米国が超大国主義と核競争をますます拡大しているのに長年嫌悪感を持っていましたので、カナダに移住することを決意したのです。『次世代の兵器類』に絶えず対応しなければならないところで、平和で自由な社会のために創造的な計画を立てて仕事をすることは困難なことですから」と述べた。

核関係の役人とサスカチェワン州の活動家シスターとの文通をみると、ロザリーが国境を越えたころ、核の賛成派と反対派とが同じ土俵に上っていたことがわかる。一九八〇年の初期にシスター・テレシタ・カムベイツあての手紙でエルドラード原子力の役人は「二、三週間前の電話で約束したことがありました。オンタリオ州のポート・グランビー地域に精錬工場を建てるというエルドラードの提案に関する聴聞会でシスター・ロザリー・バーテルの提出物に関して、調べてほしいということでした。ロザリーがいつも提出する反核の陳述ですが、実のところ、オリジナルな仕事は最低限しかないように見えます。その研究に独立した評価を加えると、結論には根拠がなく、ほとんど価値のない研究だという結論に至りました」。

しかしシスター・テレシタはロザリーに連絡を取り、ロザリーの仕事からインスピレーションを得たと謝意を表明し、こう書いている。「太陽いっぱいのサスカチェワンからご挨拶を。ウォーマンに建設計画のある（ウラニウム）精錬工場に関する公聴会について少しお聞きになりたいでしょう。二〇〇以上の口頭弁論が提出され、大勢の人たちが精錬工場に反対しています。……あなたの喜びそうな手紙を同封いたします。……あなたとあなたの研究所に神のご加護がありますように」。

反核のメッセージにたいするこのような反響にロザリーは慣れていたが、核の歴史が米国とは違う国で自らの道を開拓していくにはまだ半信半疑だった。

カナダにとって原子力とは

第二次世界大戦中カナダとコンゴで掘り出されたウラニウムを使って世界初の原子爆弾が製造されたときからカナダは原子力の道に踏み込んだ。豊かなウラニウム埋蔵量と戦術的に有利な地理のおかげで、カナダはマンハッタン計画で米英の従属的パートナーとなった。一九四三年、重水〔訳注　質量数の大きい水素の同位体を含み、通常の水より比重の大きい水。物理的、化学的性質が通常の水と若干異なる。重水に対して通常の水（H_2O）を軽水と呼ぶ。重水は水素の同位体である重水素（デューテリウム）や三重水素（トリチウム）、酸素の同位体などを含む。狭義には化学式D_2O、すなわち重水素二つと質量数16の酸素原子からなる水のことを言い、単に「重水」と言った場合はこれを指すことが多い」を使った原子炉の開発のため、モントリオールにカナダと英国合同の研究班がつくられた。戦時中の秘密主義、不信、競争の中で巧みに立ち回り、戦争が終結するころには、カナダは自前の原子力計画を持つまでに経験と技術的ノウハウを蓄積していた。

一九四四年、オンタリオ州チョークリバーがカナダで最初の重水原子炉の実験炉建設のサイトに選定され、一九四五年、戦争終結の一ヵ月後に施設が完成し運転が始まった。そこにはさらに二基の原子炉が建設され、連邦政府の官営会社としてカナダ原子力公社（ＡＥＣＬ）が設立された。ＡＥＣＬは核エネルギーの平和利用に限って推進する任務を負い、カナダ原子力管理委員会（ＡＥＣＢ）が公式の規制団体となった。連邦政府、科学界、カナダの納税者からのさかんな支持を受けて、カナダ独自のカナダ型重水炉ＣＡＮＤＵ炉が大急ぎで開発された。

当時、カナダの技術の勝利だと拍手かっさいされて、ＣＡＮＤＵ炉は多くの商業的利益――原子力発電から国内に供給する無限の電力、国際的な原子炉取引、ウランの輸出、大量の資本投下――を生み出した。核技術の追求は、それに伴ってカナダの産業界が技術的に進歩していることを保証し、また高度の研究、訓練、産業の発展を後押しする助けとなった。しかし新技術の持つ潜在的危険性が早くも現れた。一九五二年のすさまじい核事故はチョークリバーＮＲＸ研究炉の炉心を破壊してしまった。何百人という米国、カナダの軍人が放射能除染作業に呼び寄せられ、その中には将来の米大統領ジミー・カーターもいた。

一九六二年、カナダの原発第一号がオンタリオ州ロルフトンで運転を開始した。続いてより大型の原型炉が今のブルース原発の立地点に建てられた。それはトロント北西の、ジョージア湾とヒューロン湖の間に突き出ているブルース半島に位置している。これらの原子炉が最初、成功裏に運転されたので、重水炉のCANDU炉は現実的な技術だと考えられた。次いで一九七〇年代には、オンタリオ水力発電がより大型の発電所、すなわちブルース半島にブルースAを、トロントの東郊外オンタリオ湖岸にピカリングAを矢継ぎ早に建設した。CANDU炉を海外に輸出するに際して、AECLは、約定の条件としてそれを民生用の核エネルギーの生産にのみ使用するよう要求した。CANDU炉によってカナダ人のみならず発展途上国の民衆が低料金で電気の恩恵を受けられるようにという希望からだった。一九五〇年代末にインドとパキスタンがカナダ国外ではじめてCANDU型原子炉を設置した。

七〇年代――核産業の挫折

ロザリーがカナダに移る一〇年前に、大いなる希望に燃えて歩みだした核産業は予想外の難問にぶつかっていた。

一九七四年にはインドがカナダから供給された原子炉から抽出した兵器級プルトニウムを使って最初の原子爆弾を爆発させた。カナダは契約を宙ぶらりんにしたままインドとの原子力協力を中止した。インドは自分のところの核装置は「平和的な核開発」のためのものだと抗議したが、武器をつくらないという責任を無視することを選んだ国々にたいしてカナダが何ら有効な手段を持っていないことが明らかになっていった。時が進むにつれ、海外におけるＣＡＮＤＵ炉の売買にまつわる賄賂、汚職、金銭上の損失などが表面化した。さらには、原子炉を欲しがる国々――アルゼンチン、韓国、ルーマニア――はすべて独裁国で、貧困な市民に安い電力を供給することよりも自らの政治的権力と威信を高めることを望んでいた。

国内においても、カナダは米国の核兵器製造と配備に巻き込まれていったので、核兵器の包囲網を回避するのが困難なことは目に見えていた。カナダの政策決定者は西カナダにおける米国のクルーズミサイル実験の計画を承認し、またトロントの北にあるリットン・システムズで巡航ミサイルの部品を製造することや、ブリティッシュ・コロンビアの沿岸に米国の原子力潜水艦を停泊させることに同意した。これらはすべて、多くのカナダ国民の目には原子力の「平和利用」政策を侵害していると見えたので、全国津々浦々に抗議の火が燃え上がった。

国内のエネルギー戦線では、原子力を選択する経済的合理性はますます難詰されるようになった。エネルギー需要が落ち込み、原子力の危険性がますます認識されるようになって原子炉への需要が冷え込んだ。一般大衆の反対にもかかわらず、ＡＥＣＬは一九七五年ニュー・ブランズウィック州で新たな原子炉の建設に邁進した。ポアン・レプロー原発の最終コストは初期予測の三倍となり、八年後の一九八三年になってようやく運転開始にこぎつけた。そのときには州の電力は過剰となっており、余剰電力は安値で米国のニューイングランドに売電された。その結果は公衆の目に明らかだった。ニュー・ブランズウィックの納税者は高額の借金をかかえ、アメリカの電力会社が多額の利益を得た。

しかしながら、核廃棄物のはらむ危険性がじわじわと知れ渡ることほど恐怖を引き起こすものはなかった。一九七六年にエルドラード鉱山がオンタリオ湖に核廃棄物を投棄したことがあばかれて、これが劇的に問題化した。エルドラードは一九六〇年代なかばまでにオンタリオ州ポート・ホープに二〇万トンの放射性廃棄物を投棄していた。放射性廃棄物は二つの学校と一〇〇以上の敷地に埋め立てゴミとして使用され、その放射線レベルは許容範囲を超えていた。カナダ原子力公社は検査と除染を命じた。

しかし公衆の激しい抗議をよそに、カナダ原子力公社は一九七九年ウラン精錬を拡張するというエルドラードの計画を承認した。すでにこの地域でガンの症例が異常に多いとの医者の報告があるにもかかわらず、廃棄物投棄や健康影響研究に関する何らの条項も含まれていなかった。驚くべきことに、カナダ原子力公社のある職員は「結果は一〇年、二〇年後に現れるのだから」追跡調査は必要ないとまで言った。

このような難問山積の場面にロザリーが現れたのだ。

ジェズイット・センター滞在の時期

トロントの地に足を踏み入れた最初のころ、ロザリーはダファリン通りのジェズイット・センターを住居として、即座に人間関係を作ったり、判断を下したりしはじめた。一一月七日の日記にはこのように記している。

きのうは慌しい一日だった。午前中には私の住居をジェズイット・センターにすることを発表する記者会見。……夜はカナダ環境法協会主催の討論会。スターングラス*が参加していて、彼はとてもよかった。チョークリバーのX博士は横柄で科学的誠実さに欠けていた。原子力委員会のYは信じられないほど何も知らなかった。原子力当局全体の非

＊アーネスト・スターングラス（一九二三〜　）ピッツバーグ医科大学放射線科の放射線物理学名誉教授。米国や中国の大気圏核実験の放射性降下物によって乳幼児の死亡率が増加したこと、スリーマイル島原子力発電所の事故時に放出された放射能によって胎児死亡率が増加したことなどを発表。二〇〇六年三月、初来日し全国で講演会を行った。邦訳著書に『赤ん坊をおそう放射能――ヒロシマからスリーマイルまで』反原発科学者連合訳、新泉社、一九八二年。

合理性に聴衆が強く心動かされた様子が見て取れた。

その月は、二、三週間ごとに三件の困った事故が発生し、ロザリーの安全に不安が生じた。まず、ジェズイット・センターに賊が侵入したこと。そのときには地下で子どもたちのグループミーティングをやっていたので大々的に報告された。しかし、許可なく侵入したのではなかったという理由で、警察は単なる「できごと」としてすませた。二週間後の早朝、押し入りが起こった。取られたものは何もなかったので、割られたガラスは「子どものいたずら」として片付けられた。しばらく後に発砲があり、一つの窓に二発、もう一つの窓に一発が打ち込まれていたが、警察はすべて鳩小屋に当たったことにした。探偵はロザリーに二つのＢＢ弾［訳注　球形をした遊戯銃の弾丸。材質はプラスチック、または生分解性プラスチックで、直径は通常六ミリだが、八ミリのものも存在する。主にエアソフトガンで使用される］を見せ、これは鳩好きと鳩嫌いが走りながらけんかしたからだとして、三件の事件とも陰謀やいやがらせとして立件できないと結論づけた。かれらはその場にいる司祭のそばに二二口径のライフル弾があることについて説明できなかった。それらの事件が偶然の出来事だった可能性は高いが、米国の住まいを離れてきたばかりで身の安全に不安を抱いていたときだったから、ロザリーを動揺させたのは確かだった。

ロザリーは講演をし、相談にのり、研究し、書くというバッファローでの活動形態を取り戻した。このころにはロザリーの仕事が一般に認められるようになってきた。米国を去ってまもなくの一九八一年、ロザリーは全米女性機構（ＮＯＷ）とニューヨークの公益グループから賞をもらっている。一九八三年にはヨーロッパの二つの賞をもらったが、ともに人体の健康に関するロザリーの貢献を認めたものだった。

一九八三年の末にロザリーは、自らの仕事を進めるためカナダに軸足を据えた研究所を作りたいと考えた。一二月の手紙に「私はジェズイット・センターを去りました。カナダに残るか、バッファローに帰るか、現在考慮中です」と書いている。六ヵ月後に計画が実現した。トロント大学の著名な物理学者にして平和活動家であるアーシュラ・フランクリン博士*、放射線科医師のダーモット・マクルーリン博士とともに、ロザリーは国際公衆衛生研究所（ＩＩＣＰＨ）を設立した。これは政府機関、市民グループ、労働組合、先住民や第三世界の人びとに環境の危険に関して科学的・技術的な援助を提供しようとするものだった。焦

＊アーシュラ・フランクリン（一九二一〜　）ドイツのミュンヘン生まれの金属学者・物理学者・平和運動家・女性運動家。考古学における科学的年代測定法のパイオニアの一人。一九六〇年代の初め、子どもの歯に含まれている核実験起源のストロンチウム９０を測定し、大気圏核実験停止に寄与した。

点が核放射線の危険から「環境上の危険」に拡大されたことは注目に値する。まもなく研究所は、ロザリーを主筆として『国際公衆衛生展望』（ＩＰＰＨ）を発行すると発表した。

放射線の犠牲者　その1――北米先住民族

米国南西部の先住民やオーストラリアの先住民炭鉱夫の苦境を知って以来、ロザリーは先住民や第三世界の人びとが、たいていの場合、非公式の同意すらなく、近代技術や産業の犠牲になっていることに憤りを感じていた。大規模なウラン採掘を最初に始めた国として、カナダは戦時中、ウラン採掘、加工工場、そして原爆材料の主要な輸出のために輸送のネットワークを発達させた。大半の採掘労働者はオンタリオ州、サスカチェワン州、北西テリトリーの先住民だった。

北部のウラニウム採掘共同体の先住民と共同作業をするため、ロザリーは困難を押して何度もその地に通った。そこは何トンもの放射性残滓が景観をすっかり変えて災害の地となっている。ウラニウムを含む鉱石をむき出しになるまで掘って、それを破砕したため、放射能を帯びた残滓の山になっていた。その後の講演で、ロザリーはたびたびその旅や残滓の山のスライドを映した。「これは美しい北部カナダです。飛行機から下を見るとこのような光景が目に映ります。これは雪ではありません。岩のかたちで地中に埋まっていればそれほど危険ではありません。今は破砕されているので生物に甚大な影響を与えているのです」。ロザリーの説明によると、放射性の砂が地表に放置されて乾燥すれば、風に乗って遠くの野菜に舞い降りるし、食物連鎖に入り込むし、遠くの川や湖を汚染する。

鉱山労働者やその共同体は数々の放射線災害にさらされていた――防護服も着ずに採掘し、放射性廃棄物の山の近くに住み、空中や水中の放射能汚染にさらされている。北部での仕事をとおしてロザリーは包括的な共同体健康調査様式を作り上げ、それを後に開発途上国の共同体健康評価に応用した。

ロザリーは最初にヒューロン湖北部に住む先住民集団にその調査を応用した。オンタリオ州サーペント川の先住民集団は汚染のはげしいエリオット湖畔のウラン鉱山の近くに住んでいた。十数ヵ所の湖を含むサーペント水系は当時五大湖の中でもっとも放射能汚染のひどいところだと認められていた。ロザリーは何度も何度もサーペント川住民と会い、かれらが高い確率で肺ガンとその他の疾病に苦しんでいることを連邦政府に提出する文書にして、住民に自分たちの権利を主張するよう励ました。「女王陛下からの先住民へのプレゼントは汚染だ」との目立つ看板を幹線ハイウェーに立て、続いて先住民は政府が放置している硫酸製造工場の浄化を要求した。

ロザリーはまた、北西部のテリトリーにあるベイカー湖地域のキガヴィックウラン鉱山計画に反対する「カリブー・イヌイット」を強く支援した。ベイカー湖の風上で、ベイカー湖に流入する川べりに露天掘りの鉱山を建設するというドイツの会社の提案に反対する現地の住民委員会が立ち上げられた。委員会は、環境評価の過程で生じる疑問に適切な答を与えてもらうためにロザリーと二名の専門家を雇った。住民集会や討論やワークショップを続けた結果、住民委員会は会社の出してきた環境影響評価を糾弾し、キガヴィック計画は無期限延期となった。しかし、カナダは世界で最大規模の低レベル放射性廃棄物を貯蔵しており、それは公の精査や警戒からは程遠い遠隔の地に散らばっていて、たいてい野放図に打ち捨てられている。

放射線の犠牲者　その2——子どもたち

ロザリーは講演や書き物で、他のグループよりも子どもが何よりも放射線やその他の有害物質に過敏であることを一貫して警告してきた。一九八〇年代を通じてロザリーは子どもの健康に与える環境の影響について数多くの調査を実施した。トロントではスカーバラ郊外の放射能調査で、まず疑いの余地のない結果を出した。

一九四〇年代に行われたラジウム作業の残滓がオンタリオ州マックルア・クレセントの土地を放射能で汚染したことが、一九八〇年にわかった。そのときに住んでいた住民の中には健康問題をかかえている人たちがおり、その原因が家屋や庭にある放射能だと考えていた。公的には安全だとされていたが、住民は、厄介な問題についての警告を怠ったとしてオンタリオ政府を相手取り集団訴訟を起こした。

住民を代弁する弁護士がＩＩＣＰＨ（国際公衆衛生研究所）に助けを求めてきた。当時の写真を見ると、ロザリーがガイガーカウンターを片手に郊外の家庭を調査している姿が残っている。彼女はまた、被曝した子どもの尿から排出される鉛２１０（ラドンの崩壊物）のレベルを計測する調査をアレンジし、ウォータールー大学で実験室の作業もした。その結果、ガスとその崩壊物に被曝する割合が増えるにつれて白血球数が減少するという傾向を見つけ出した。ロザリーはこの機をとらえて、最近、他国では許容線量を改定したのにカナダがいまだに時代遅れの許容線量にしがみついていることを指摘した。国際的に広く採用されている基準からすれば、マックルーア・クレセントの放射能は許容レベルを超えていた。

ＩＩＣＰＨは、汚染した土壌を取り除き、多くの住宅所有者から家屋を買い上げるよう当局に圧力をかける手助けをした。結果的に州政府は折れて、立ち退きを希望する住民すべてに補償金を支払った。しかしながら、ロザリーはこれを部分的な勝利としか考えなかった。州政府がこれらの家を低家賃で貸し出したからだ。借家人は将来起こるかもしれない健康被害が何であれ州政府の責任を問わないとの権利放棄証書に署名させられていた。

ロザリーはまた、ペンシルヴェニア州キャノンズバーグにある、閉鎖されたラジウム工場敷地の放射能汚染にさらされた同様の子どもたちを調査した。この町は小児ガンの罹患率が高いと報告されており、米国中でもっとも放射能汚染のはげしい町の中に入っていた。工場の放射性残滓のプールにふたをしたままで、その上を地域の野球場として使っていた。ウォータールー大学で予備的に子どもの尿検査をしてみると、住居から廃棄物投棄場までの距離と尿中ウラニウムの存在との相関関係が認められた。

ロザリーはさらに、トロント市営のブロック・ウェスト処分場も調査した。この場所は子どもたちの遊ぶダフィンズ峡谷付近で深刻な漏れが報告されていた。峡谷遊びと喘息や湿疹との相関関係が見出された。政府は研究結果を認めはしなかったが、その処分場を閉鎖した。

このような事例のおかげで、ロザリーは、子どもたちが環境毒物に弱いこと、それゆえ公衆保健サービスを変えなければならないことについてメッセージを発する機会を得た。「公衆保健の部署が伝染病と食品汚染に対処するために立ち上げられています。しかし今私たちがかかえている問題は、有毒廃棄物投棄、この地にある原子力発電所、農薬、除草剤、ベトナム戦争のために作られた枯葉剤なのです。公衆をこのような突然変異誘発要因にさらしておきながら、政府は結果の追跡調査もしていないのです」と。たとえば危険をもたらす可能性のある工場がやってきたとき、毒物環境の効果を評価するために「市民は基本となる健康研究で保護される必要があります。そうしてはじめて変化を生み出すことができるのです。ただ『近所の人たちはみんな病気になっている』と言うだけではだめで、『近所の人たちは核産業が来るまでは病気じゃなかったのに、今は病気にかかっている』と言わなければならないのです」。

より安全な放射線基準を求めて証言する

一九八〇年代の末にもなると、放射線基準や環境モニタリングの必要性に関するロザリーの指摘がカナダの責任ある人びとの耳にも届くようになった。ロザリーはＩＣＲＰ（国際放射線防護委員会）にたいする批判がいまや広がっていることを指摘した。原爆が投下されたのが多湿な時期だったので、放射能の影響が軽減されていることがわかっていたにもかかわらず、ＩＣＲＰは日本の被爆者に関する研究結果を採用した。ＩＣＲＰはガンのリスクが以前の知見の二倍になることをしぶしぶ認めたが、許容線量を変更しないことに決めた。このような頑迷によって、放射線の安全基準にたいする国際的な合意に亀裂が入った。というのは、英国放射線防護局が、現在の線量だと「許容できないギリギリ」の線にあるとの理由で一方的に許容線量を引き下げる動きを見せたからだ。

ロザリーは一九八八年にオンタリオの核安全再検討に際してIICPH〈国際公衆衛生研究所〉を代表して書簡を送り、これらの規制の問題点について強調した。ロザリーは当時数百人の科学者の提出した署名に注目するよう促した。科学者の中には規制線量を五分の一、一〇分の一、あるいはそれ以下に引き下げるべきだと主張する生物学者もいた。権威ある科学雑誌『ネイチャー』でさえ「ICRPは変化する状況に対処するのが遅すぎる。また、その勧告が、モーゼの十戒［訳注 ヘブライ人の指導者モーゼが、シナイ山で神から与えられた律法］さながらに、ろくに説明をしないでも関係者すべてに受け入れられるべきであるかのように振舞っている」と論評した。ついに一九九一年、ICRPは許容線量を引き下げた。たいていの国は実際上即座にそれを受け入れたが、ぐずぐずしている国もあった。カナダも七年後までそれを受け入れなかった。

しかしながら、一九八八年の議長報告を読むと、ロザリーの見解――とくに子どもにたいする毒物の影響の可能性に関する見解――が取り入れられていることがわかる。「核施設の付近では新生児と幼児の健康を特別に重視した」もっと詳細な健康調査が行われねばならない、という点で議長はＩＩＣＰＨと意見が一致していた。「もしも子どもの健康が近辺にある原子炉によって悪影響を受けていないとするなら、その事実は確証されるか、あるいは権威を持って論駁されるかしなければならない」と。

核兵器と「平和のための核」――カナダの場合

カナダは「平和」な核計画によって動いていたのだが、ロザリーは核製造の平和面と軍事面とを切り離すことは現実世界では不可能だと主張し続けた。米国在住中ずっと、ロザリーは、核エネルギーは部分的に兵器産業の隠れ蓑として推進されてきたと主張してきた。「核産業にはそれを支える産業――ウラン採掘、粉砕、輸送、精錬、濃縮、組み立て、設置、廃炉、放射性廃棄物処分――を公衆が認めることが必要となります。もし公衆がエネルギー危機の解消のためにこれらの産業が必要だとして受け入れれば、もちろん、自動的に核産業全体が受け入れられることになるのです。大学は大量殺傷兵器工学を専攻として設置することはできないでしょう。だから、大学は『平和な核』に貢献する物理学者や技術者を養成するのです」。

公言した政策とは裏腹に、カナダは核兵器とのしがらみから逃れることはできなかったとロザリーは力説し、公の席でたびたび政府の政策の矛盾を突いた。ロザリーはまた、カナダの公衆が強力な核産業に直面して受身になりがちなこと、また、その「平和的」な目的についての偽善的になりがちなことを指摘するのにやぶさかではなかった。「信じられないのは核関係の組織ではなく、一握りの人間なのです。『私たちには手の施しようがない』と告白すれば核に力を与えることになります。……私たちはごちゃ混ぜにしたメッセージを出すことはできません。軍事はいらないけれど、共同防衛協定のもとで仕事が欲しい。その両方を要求することはできません。『私は平和主義者だけれど、スターウォーズには多額の金が用意されているから、その研究をしてあぶく銭を手に入れるんだ』とは。そうすれば戦争を選んだことになるのです」。

カナダがウラニウムと原子炉を輸出して、それらが平和的な目的に利用されると保証する方法はない。「インドの経験があったので、原子炉技術がＣＡＮＤＵ原子炉と契約を結んでいるパキスタンや韓国、アルゼンチンの核兵器開発に利用されないと確証できなくなった」とロザリーは記している。ロザリーはブリティッシュ・コロンビア州ナナイモに出かけ、ブリティッシュ・コロンビアの沿岸にあるアメリカ潜水艦の兵器庫に反対するナヌーズ湾の住民を支援した。またロザリーは巡航ミサイルの誘導システムに反対してデモをするリットン住民の正しさを何度も証言した。「私たちは社会的な行動に責任を持ちたいのでしょうか、あるいはただ手を拱いて死傷者に包帯を巻くことしかしたくないのでしょうか？　ドイツ人は強制収容所について知るべからずと要求しました。……アメリカ人はミクロネシアで軍が行った任務が何を意味していたのか知るべからずと要求しています。カナダは部品製造と誘導システムの使途について知るべからずと要求しているのです。今こそ心を開いて真実を見つめ、私たちの国と世界の行動に責任を取るべきときなのです」。

英国での証言――サイズウェルとグリーナム・コモンの女たち

一九八〇年初頭、ロザリーは重要な公聴会で繰り返し証言したので、カナダばかりでなく英国でもよく知られるようになった。英国のジャーナリストたちはロザリーが人並みはずれた特質を合わせ持っていることに魅惑された。「ロザリー・バーテル博士は気取らない、地味な口調で話し、激昂したりヒステリックになったりする様子は微塵もない。……自らの発したメッセージがとくに女性に強い感情的反応を引き起こしても同情を持って対処する。『現世的なことども』――科学者的な権威や冷淡さ――からはるかにへだたっており、それに宗教的な敬虔さがにじみ出るいとまもないような温かさとユーモア感覚が不思議に結びついている」とある記者は記した。

ロザリーは歴史上最長の公聴会、英国サフォーク州のサイズウェルで証言した。一九八〇年代初頭にこの地の新聞が、サフォーク海岸沿いにある核施設、サイズウェル1号炉の近辺で白血病が多発しているのを発見していた。マーガレット・サッチャー首相が原子力拡大計画の第一号としてサイズウェル2号炉の建設を決意すると、公衆からの抗議が爆発した。何年にもわたって地域の反原発や環境グループから山のような証言が出されていたし、また最終計画が立案されたちょうどそのときに、一九八六年のチェルノブイリ大惨事が起こったにもかかわらず、サイズウェル2号炉が承認されたからだ。数年後にサッチャーが原子力産業を民営化したとたんに拡大は止まった。原子力は、民営部門の冷厳な検討をクリアすることができず、経済活動として成り立つにはあまりにも危険で高くつくと判断されたのだ。

バークシャー州グリーナム・コモンの女性運動はさらに大きな成果を収めた〔訳注　邦訳にジル・リディントン著、白石瑞子・清水洋子訳『魔女とミサイル――イギリス女性平和運動史』新評論、一九九六年。アリス・クック／グヴィン・カーク著、近藤和子訳『グリーナムの女たち――核のない世界をめざして』八月書館、一九八四年がある〕。一九八一年、英国の活動家たちが新たな抵抗の方策を考え出した。活動家たちが巡航ミサイルの設置に抗議してグリーナム・コモンの米空軍基地に平和キャンプを組織したのだ。女性たちに参加を呼びかける公開状にはこう書かれている。「私たちは女性なので家にとどまって男性を保護者としてあがめるようにと強いられてきました。でももうその役割はごめんです。地球の上の命を破壊するために男性が軍隊を組織しているときに、それを傍観しているわけにはいきません」と。彼女たちの訴えは一九八二年一二月のグリーナムでの抗議に三万人の英国女性を引き寄せた。見事な政治的意思表示を行って、女性たちは、核ミサイルが基地に持ち込まれるのを阻止するために基地を取り巻き、手をつないで人間の鎖をつくった。

平和キャンプは、英国初の反核「事件」だったからメディアの話題の的となった。女たちは来る冬も来る冬も野営してミサイル格納庫の周りで踊り、入り口や道路を封鎖し、テディベアのぬいぐるみを着て滑走路上でピクニックをした。一九八三年の元日に地下格納庫の上で踊っていた女たちが、平和を乱すとして逮捕され、告発された。女性たちの弁護のため証言をして大きな力になった専門家の証言者の中にロザリーとアリス・スチュワートがいた。にもかかわらず、女性たちはすべて監獄行きだった。ロザリーは、がっかりした長い一日の終りに法廷を後にしたときのこと、またその後、国営テレビ放送で「アメリカに移民した人たちがイギリスの法律やマグナ・カルタに幻滅してやってきたわけが今になってわかりました」と思わず口走ってしまったときのことを思い出す。しかしながら、この画期的な抵抗の事件は基地の閉鎖に成功し、英国政府はその広場の接収に大いに難儀することになった。それはまた後の平和キャンプのモデルとなった。たとえば沿岸に停泊している米潜水艦に抗議するブリティッシュ・コロンビア州ナナイモの平和キャンプがそうであるように。

大衆からも専門家からも認められる

ロザリーは一九八五年に初めてカナダのアカデミックな世界で正式に認められた。ノヴァスコーシア州ハリファックスのセント・ヴィンセント大学から名誉博士号を授与されたのだ。続いて、環境、職業人の健康、平和に関する仕事が認められて、カナダ、米国、インドから次々に名誉学位や賞が贈られた。

一九八七年、新たな居住地となったトロントで、「今年の環境主義者・卓越した女性・市のトップ五〇人」に挙げられた。トップ五〇賞に関する新聞記事には、「ここに名前の挙がった人たちは市を活性化させ、物事を動かしたりストップさせたりし、自らの専門領域を超えて活躍した人たち」だと書かれている。「世界連邦主義者カナダ」から、一九八八年に世界平和賞が贈られ、カナダ保健省から五大湖健康影響プログラムの助言者になってほしい、また、オンタリオ環境アセスメント委員会の委員になってほしいと依頼された。一〇年もたたないうちに、ロザリーはカナダの名誉ある尊敬すべき市民になったのだ。

このような栄誉を得たからといって、ロザリーの仕事にたいする非難が減ったわけではなかった。カナダの主要な女性雑誌である『シャトレイン（女主人）』は最近の批判を挙げて、ロザリーに同情的な記事を載せた。批判というのは次のようなものである。カナダ原子力協会の代表は「科学雑誌に論文を発表して同業者からのフィードバックを十分に受けることをしていない」と述べてロザリーのアカデミックな実績を軽視した。ある保健関係の役人はロザリーのことを「みなを怖がらせる予測屋」、「数学者だが保健の専門家ではない」と評した。

しかし、核産業はロザリーがうまく大衆に近づいたのでやきもきしていた。ＡＥＣＬ（カナダ原子力公社）の秘密メモが一九八八年に環境グループによって新聞社にリークされ、それは、核産業が公には問題視していないと表明していても、実は批判者たちを深刻にとらえていることを示していた。そのメモには核産業に批判的な二〇の環境グループの財政、メンバー、所属、強さ、弱さに関するデータが書き込まれていた。また、反対者の強さがどの程度の脅威を引き起こすか、またその弱さをＡＥＣＬが利用できるかどうかにまで及んでいた。もっとも驚くべき分析はロザリーに関するものだった。ＡＥＣＬの役人は、それまで常にロザリーの手法と結論は信用できないとほのめかしてきた。しかし、その文書には「ロザリー・バーテル博士は原子力発電所に起因する白血病とその他のガンの分野では世界的な研究者である」と記されている。「ライト・ライブリフッド（正しい生活）賞」の受賞によってロザリーが広く知られ、信用されるようになったことに注目し、またロザリーの仕事が「メディアによく受け入れられて、核産業の否定的な面が強調される」ことによるIICPH（国際公衆衛生研究所）の脅威にも注目していた。そのメモにたいしてエネルギー大臣マルセル・マッセが厳しい反応を示した。マッセはAECLが原子力に反対する環境グループをスパイし、妨害することは許せないと警告した。

ロザリーはいまや移住国や他の国のネットワークから強い支持を受けていた。立て続けに名誉博士号を授与されたことは、アカデミックな領域で認められた証だった。また公に注目され、「われらが時代のシスター」、「シスターが核《ニューク》を打倒」、「核時代のカッサンドラ〔訳注　凶事を予言する能力を有するが、信じる者のいない、ギリシア神話の女性〕」、「バーテルは正しく原子力は間違い」のような見出しが躍った。また、モントリオールのアカデミー賞受賞映画制作者、テル・ナッシュ*が制作した、カナダ国立映画製作庁のドキュメンタリー映画『平和を語る』、『核中毒』にも出演した。

人びとは環境公聴会で、平和グループで、教会や地域で、ロザリーの話を聞き、メディアを通して、戦争と平和、環境、核の狂気に関するロザリーの見解を知った。同僚のアーシュラ・フランクリンは、「ロザリーの影響力は想像以上ですよ。電力会社の人たちはいまや自分たちの手続きに関していつ顧客から質問されるかわからないから、ひどい怠慢が目に見えてぐんと減ってきましたね」と語っている。

出版――苦しみと大きな喜び

認知されることも支援されることも多くなり、講演者として、あるいは証言の専門家として仕事をしてほしいという要望はますますふえてきたが、ロザリーは自らの人生のあり方についてたびたび欲求不満に襲われた。それは物書きとしての、そして成果を発表する研究者としての欲求不満だった。永らくロザリーにとっては、論文審査のある学術誌に論文を掲載して研究者、科学者として認められるのが重要だった。また、自分の発見、意見、メッセージを受け止めてくれる人びとをたくさん見つけ出したいと腐心していた。論文を発表したいと望むことは、科学的なものであれ、一般的なものであれ、ささやかな求道なのだ。

一九七〇年代にロザリーがかかわった研究は、ウィスコンシン州の原子力発電所から放出される放射性のガスと小児死亡率との関係について「確実な証拠」を導き出せるものだった。得た結果を出版するに際して意見を乞うたペンシルヴェニア州の物理学者の返事は、極

＊テル・ナッシュ　モントリオールの映画製作者。反核映画『もしこの惑星地球を愛するなら』は米国司法省からプロパガンダのレッテルを貼られたが、アカデミー賞を受賞した。

度に絶望的だった。「この論文は大して関心を引きませんよ。科学界で興味を引く研究をするには、特定の病気とそのメカニズムが明らかにされていなければなりません。死亡証明書を論じていたのではダメです」。

一九八〇年代初頭、ロザリーと二人のシスターは非常に違ったタイプの仕事をした。多分カソリックの指導者が自由主義的になったことが念頭にあったからだろう。パウロ会出版部に提出された『屋上から叫ぶ――宗教の時代、核の時代の女性たち』は編集長からしんらつな評価を受けた。多分この編集長は世間であまり経験を積んでいなかったのだろう。「シスター何某が核兵器や核エネルギーに反対するのに注意を払う読者はあまり多くないだろう。平信徒の中には、シスターたちがヨーロッパに飛んでセミナーやワークショップに出席できたり、または緊急の社会的問題にフルタイムで没頭できるような恵まれた状態に立腹する人がいるかもわからない。三つの話はみな『宗教上の目覚め』からは程遠い。……葛藤やためらいに欠けているので、読んでいて面白くない。彼女たちの責任感はあっぱれなものだが、文学的見地からすれば退屈だ。心を動かされることがない」。

もうひとつの計画は『電離放射線ハンドブック』(*The Handbook for Ionizing Radiation*)で、これは身体の各部分における電離放射線の健康影響をこと細かく評価した案内書だった。トロント大学出版部の校閲者は、詳細で、かつ基本的に好意的な報告を出してくれた。情報が得やすく、うまく書けていて、論理的で、首尾一貫していて、矛盾がない点に注目し、校閲者は次のようにコメントした。

バーテル博士は活動家である。……博士に異議を唱える人たち――既成の科学界にはそのような人たちが多いが――にとって博士が信頼に足るものであるかどうかは疑わしい。だからこそ、博士の著書は、報告中の実際にある偏り、またそのように感じられる偏りのゆえに非常に注意深く審査されなければならない。言うまでもないことだが、この著者にたいする不倶戴天の敵に、本来ならまったく有用なこの文書に対する攻撃材料を与えないために、そのような偏りを取り除くことは重要である。この文書には表立った説教や私見がまったく見られない。しかしながら、全体を通じて諷刺的言説や文章で色づけられている。文書の調子は取り越し苦労的な面があり、たしかに著者の偏りが伝わってくる。……それでも私はこれを出版するべきだと思う。

ロザリーは校閲者の意見にそって原稿を書き直すことに同意したが、数ヵ月はその時間が取れないだろうと述べた。結局それはＩＩＣＰＨ（国際公衆衛生研究所）から出版され、二年後に第二版が出た。一九八七年にロザリーは『ハンドブック』を日本の出版社に売った

いかなかった。〔訳注　邦訳は既出の『放射能毒性事典』〕。同年、それをアメリカ市場で売り出したが、うまく

一九八〇年、クロッシング・プレスがロザリーにスピーチをまとめて本（仮題『低線量被曝の危険性』）にしようともちかけていた。二年経つと出版社は申し訳なさそうに契約を取り消してほしいと書いてきた。「この原稿を集めて本にはできないように思います。個人的なものから技術的なものまでごちゃ混ぜですから。……出版しても元がとれるかどうかわかりませんから、引き受けられないのです」と。ロザリーは四月になってその申し出を承諾すると電話をし、自分で「選択してまとめよう」と決心した。「今のところ後回しになっているけれど」。

『危険はすぐには現れない』

ロザリーは、一年間引きこもって自分の進路を熟考した一九七六年以来、ずっと放射線の危険性についての情報を「選択し」、「まとめて」きた。生計を立て、カナダでの生活になじむ合間をぬって、『危険はすぐには現れない――放射能まみれの地球を予測する』を執筆し、二〇年間の思索、研究、放射線に関する活動を組み込んだ。一九八五年四月、それはつ

いにロンドンのウィメンズ・プレスから出版された。ロザリーはそれを「最大の支持者」である母に捧げた。「母は八七歳のときに『危険はすぐには現れない』をすみずみまで、後注まで読んでくれました」と述懐している。この本は重要な仕事で、科学的、政治的、歴史的な情報を大量に集めたものとなっている。その幅広さといい、詳細さといい、予言的な警告といい、それはレイチェル・カーソンの『沈黙の春』になぞらえられてきた。

ロザリーは出版の二年以上前からウィメンズ・プレスと交渉していた。本のタイトルは、皮肉にも、核事故や放射能漏れのあとに続きそうな呪文の様相を帯びている。『危険はすぐには現れない』というものだ。本は一九八五年の四月二五日に発行され、ロザリーはその後、朗読、講演、メディアのインタビューなど英国中を過密スケジュールで駆け回った。ジャーナリストたちは小柄で気取らないシスターと恐るべき核産業との衝突を潤色して報道した。「この女性が核産業のお偉方の血管を破裂させることができるとは信じがたい」とある新聞は書いた。「貧弱な体格に質素な服装をまとって、少し鼻にかかった発声をする、人なつこく気取らない態度の女性なのだから」。英国では発売と同時に本が売り切れた。八月にロザリーは再び旅に出て、オーストラリア、ニュージーランドで一ヵ月の契約期間中本の販売促進にあたった。ここでは、ジャーナリストたちは本よりも「反核シスター」に紙面を割いたが、本の方も好意的に受け取ってもらえた。

英国の読者の中には最初の章の科学的内容に怖気づいた向きもあったが、本の守備範囲と意義に敬意をはらい、「気が遠くなるほど分厚いのに読みやすくて驚いた」と言う人が大半だった。『ガーディアン』は「核時代の過去・現在・未来にわたる隠された脅威をまじめに技術的に記述している」と評し、ロザリーの経歴と苦闘を事細かに説明した。この本は、投票で、一九四五年以後に英国で出版された平和に関する書物のベスト二〇の中に入り、二つの「今月の本倶楽部」がこの本を選んでくれた。この本はまたトロント・ウィメンズ・プレスからも出版されたが、カナダでは英国のような成功を収めることはできなかった。カナダでは十分に販売促進が行われなかったとロザリーは考えているが、宣伝のためのカナダ横断の補助金をもらったときの自身のドンキホーテ的な反応を思い出している。「ほとんどの資金を北西部のテリトリー行きに使ってしまったけれど、そういうところへは著者たちは通常行かないものです」。

本の出版から一年と二日の後、ウクライナのチェルノブイリ原発4号炉が爆発した。その結果生じたこの世の地獄からは一〇日間放射能雲が吐き出され、広島・長崎の原爆をあわせたものの一〇〇倍の放射能が撒き散らされた〔訳注　放出された死の灰（粒子状の放射性物質）はセシウム137換算で広島型原爆の約六〇〇倍〕。この史上最悪の原発大事故は本の警告の信憑性を保証するものとなった。人びとが放射性降下物について知りたがったので、『危険はすぐには現れない』は飛ぶように売れた。一九八七年にロザリーが英国を訪れたときには、有名人になっていた。ロンドンでは『ニュー・ソーシャリスト』がロザリーのことを「世界の先頭を走る反核十字軍戦士」と評した。英国医師会のバース支部は会長の招集する年次総会の講演をロザリーに依頼した。この会は、例年なら会員のみが参加する会なのだが、このときには一般聴衆にも公開された。会長が挨拶した。「私たちはこの会に大勢の参加者があると期待しています。……去年起こったチェルノブイリの悲劇的な事故以来、原子力発電の危険性にたいする人びとの関心が非常に高まりました。……バーテル博士にこの講演を引き受けていただき、私たちはこの上なく幸運です」と。

『ガーディアン』にはすぐれたジャーナリストのポリー・トインビー〔訳注　邦訳著書に『ハードワーク――低賃金で働くということ』椋田直子訳、東洋経済新報社、二〇〇五年。歴史家アーノルド・トインビーの孫〕がロザリーについて長い評論を書いた。ロザリーのことを、「襟につけられた小さな十字架でようやくそれとわかる」灰色修道尼（グレイ・ナン）であり、「他の点では、様子が簡素で、語ることに揺るぎない確信が感じられるところから修道尼だとわかるだけである」とポリーは記している。互いに矛盾するデータの取り扱いや、放射線の危険性に関する解釈の難しさを認めて、トインビーは結論づけている。「どのような立場に立つ人にとっても、バーテル博士のこの問題に関する大部の書物、『危険はすぐには現れない』

は身の毛のよだつ読み物である。……原子力産業が容赦なくプロパガンダを続けるかぎり、バーテル博士のような人が現れて、かれらの自己満足に挑戦し、放射線の危険性に関してもっと正直な評価をわれわれみんなに知らせるよう要求するだけのことである」。

ある出版社が「あなたの本は爆弾のようなもので、私たちは爆弾を落としたくはありませんから」と言ってこの本の出版を断った米国内においてさえ、チェルノブイリの最新事情を含んでいるこの本を大急ぎで印刷した。たいていの場合、米国でこの本はほとんど物議をかもさなかった。一九八八年、モントリオールの出版社が著名なケベックの作家マリ＝クレール・ブレ〔訳注　邦訳『ある受難の終わり』矢野浩三郎訳、集英社刊、一九七四年〕の序文つきで出版した。またこの本は、スウェーデン語、ドイツ語、フィンランド語に翻訳されている〔訳注　ロシア語翻訳も進んでいたが、連邦崩壊のため実現しなかった〕。ロザリーが言うように、「この本は米国以外でよく売れているが、米国ではこんな本があることを知っている人はごく少数」だ。

正《ライト》しい生活《ライブリフッド》賞――「浮浪人科学者」が認知される

ロザリーが国際的に認められたことを示す、あの一〇年間でもっとも重要な出来事は一九八六年に起こった。その年、ロザリーは英国の著名な疫学者アリス・スチュワートとともに「ライト・ライブリフッド賞」を受賞した。北米よりもヨーロッパでよく知られている「もうひとつのノーベル賞」は毎年ノーベル賞の前日にストックホルムで授与される。一九八〇年に、社会の改善のために貢献した人を顕彰する目的でスウェーデンの男爵が二万五〇〇〇ドルの賞を創設したのだ〔訳注　日本関係では、一九八九年に生活クラブ生協が、一九九七年に高木仁三郎氏が受賞した〕。

祝いが殺到した。ブライアン・マルロニー首相の一九八六年一〇月二〇日の手紙はロザリーが移住した国が彼女をその懐に迎え入れ、成功をともに喜んでいることを示している。「おめでとうございます。この栄誉のおかげで、私たちがこの地球の住民として、研究を応用し関心を実行に移しつつ、地球を保全し豊かにしていかねばならないことを思い出すことができました。環境保健の領域で卓越した追究を献身的になさったおかげで、あなた自身、同僚、そしてあなたの祖国に誇りと栄誉をもたらしてくれました。計り知れないご苦労を通じて、実質的にわれわれの社会や環境の向上に貢献してくださったのです」。

環境、平和、女性、宗教のグループから送られた賛辞は、カナダにおける六年間のロザリーの交友を物語っていた。女性の地位に関するカナダ行動委員会（ＮＡＣ）、高齢女性平和協会、女性の声、五大湖国際合同委員会、カナダ国際協力評議会、ロイス・ウィルスン師、カナダ教会連合の元議長、トロント大学教授でノーベル化学賞受賞者のジョン・ポラニー博士など大勢の人たちから賛辞の電報や手紙が届いた。ペンシルヴェニアにある灰色修道女宿舎もまた、自分たちの時代でもっとも有名なメンバーを祝福し、ロザリーが「広く賞賛を受けている間にも福音書の単純さと目的の精神をもち続けていた」ことに注目して、灰色修道会の特別総長がストックホルムの式典に参列する計画まで立てた。

一九八六年一二月八日にロザリーはスウェーデン国会で賞を受け、「人の生活をより完全なものとし、われらの地球を癒し、人間性を向上させるために本質的な寄与をする先見性と実行力を持っている」と認める表彰状を授けられた。カナダ大使館はロザリーが自由に使える車を用意し、栄誉を讃えて特別な晩餐会を催し、このすぐれた市民に援助を惜しまないと公的に表明した。もう一人の受賞者であるアリス・スチュワート博士は、ロザリーがカナダの役人から受けた温かい支援と英国の使節たちの冷たい沈黙の落差について無念のメモを残している。こちらは空港に迎えの車を寄越すこともせず、式典に列席することもせず、ましてや招待状に返事さえ出していなかったのだ。

謝辞でロザリーは、「アリス・スチュワート博士と私とに授けられた賞は地球規模の核拡散と電離放射線に関するごまかしの終焉となるでしょう。これが世界村を創るための土台造りの始まりであることを願い、そして祈ります」と述べた。たしかに、その受賞は放射線にたいする一般の知識や核産業の人気に大きな変化をもたらした。

核のイメージの衰退

一九八〇年代には、核に関する夢やその推進者の暗黒面が急速にあらわになってきた。カナダではカナダ原子力管理委員会（ＡＥＣＢ）が一九八三年に労働者や一般公衆の放射線許容線量を引き上げようとした。主要な労働組合が結束して反対に回ったので、その提案は引っ込められた。しかしながら、大衆の信頼はとうてい回復しなかった。

同じころ、ＣＡＮＤＵ（カナダ型重水）炉が専門家の予想よりはるかに早く傷みはじめ、損傷している炉を動かし続けるには危険で高額な保守と補修が必要であることが明らかになった。一九八三年、トロントの近くにある、一二年経過したピカリング1号機の圧力管（燃料集合体を収納し、一次冷却材が流れる耐圧製の管）が突然破裂した。そのようなことは起こるはずがないと想定されていたにもかかわらず。この時までは、ＣＡＮＤＵ炉は何十年ももつように設計された、世界でも最上級の原子炉だとランクづけされていた。高額な修理が行われている間に、ピカリング原子炉は1号機、2号機ともに閉鎖された。管の損傷がもとでブルース原発が閉鎖に追い込まれ、ブルース郡南部にあるヒューロン湖岸のダグラス・ポイントの炉も一九八三年にわずか一七年稼動しただけで永久に閉鎖された。

ＣＡＮＤＵ炉を稼動させるについての危険性もまた明るみに出た。情報公開法により、カナダ原子力管理委員会が自らの規制によって安全だとしているレベルよりはるかに高い圧力で運転するのを、八年間にわたって許していたことが判明した。最大の損害は、おそらくトリチウムの放出により、ピカリング原発の付近で白血病が増加し、幼児死亡と出産異常が増加したことが研究の結果明らかになったことだった。

しかし、もうひとつ衝撃的だったのは、チョークリヴァー原発の使用済み核燃料が、米国の核弾頭を作るためのプルトニウムとトリチウム製造のための軍需工場で使用されていることが暴露されたことだった。カナダの核計画は平和利用のみであるという原則を無視した質の悪いものだった。

これらの事件が重なって、安全性やカナダの原発の商業的能力にたいする、また、核エリートたちが公衆の健康や「平和的な核」に責任を持つことにたいする、大衆の信頼が失墜した。しかしカナダで核のイメージの受けた打撃は米国における展開に比べれば穏やかなものだった。

一九八五年、米国の新任のエネルギー大臣が国内にある一六基の原子炉の安全点検を命じた。ジャーナリストや議会の委員会がその調査報告を取り上げ、その結果、あらゆる核施設で環境や労働者の健康が露骨に無視されてきたことが明らかになった。建設業者は核廃棄物をもっとも手近な水辺に投棄したり、地面に埋め捨てたりしていた。何年もの間、放射能汚染が近隣住民の飲料水や土地や空気に浸透していた。一九八八年、『ニューヨーク・タイムズ』が痛烈な連載記事を載せたので、米国のこの屈辱的な出来事に世界の注目が集まった。オハイオ州出身の上院議員ジョン・グレン率いる議会調査委員会が「われわれは国家の安全を守るとの名分のもとに自国民を毒してきた」のだと結論づけた。

同様に恐ろしい事実が徐々に明らかになってきた。実験機関にとどまらず一流大学や医療機関でも、アメリカ人が一連の複雑な放射能実験の実験台として使われていたのだ。この先例のない実験はマンハッタン計画の一部として始まり、三〇年以上にわたって、放射性物質が人体に与える影響について知るために続けられてきた。公的な主張とは違い、実験台のすべてが末期の患者だったわけではない。妊婦を含む若者や、囚人、ホームの知能停滞者が含まれていた。エドワード・マーキー下院議員は一九八五年、小委員会の聴聞会報告書を「アメリカの核モルモット――米国市民にたいする三〇年にわたる放射能実験」と名づけた。一九九二年にヘイゼル・オリアリーエネルギー大臣は、この高度の犯罪行為について、「私の頭にはナチスドイツしか思い浮かびませんでした」と公式に告白した。

これは産業界と時代を強く弾劾したものだった。市民や労働者の安全の無視、環境汚染、独立独歩の研究の阻止、操作主義・秘密主義・虚偽の文化、すべてが「国家の安全」という錦の御旗のために正当化されていたのだ。これはロザリーが言い続けてきたことで、それゆえに長らくある種の人たちから感情的だ、非科学的だ、極端だ、過激だと非難されてきた。このような一連の暴露があってから、核を批判する人たちは、敬意を持ってロザリーに耳を傾けるようになった。さらに、特に米国では、データの収集や放射線健康研究や管理を再び核産業の手に渡してなるものかと決意した、やる気満々の市民や研究者グループが現れた。

成功の代償

受賞し、旅行で各地をまわり、有名にはなったが、ロザリーは相変わらず質素な生活を続けた。手にする報酬は増えたが、その大半を活動やIICPH（国際公衆衛生研究所）の出版や、老齢や虚弱なシスターを支援するためにペンシルヴェニアの本部に派遣されるシスターたちの給料にあてた。ロザリーが一章を担当した書物の編集者にあてた手紙を読むと、彼女がどれほど緊迫した財政状態にあったかがわかる。執筆者もちの写真で例証する問題について、ロザリーはその章は写真なしでいきましょうと書いている。「この二年間というもの、研究所で私に払う給料はありませんでしたから」と。

一九八〇年代末に日本の雑誌に寄せた自伝的な記事に、一九七八年にロズウェルを去ってからの自己の歴程をロザリーがどのように見ているかが表れている。「仕事は人類が生き延びるためにという内的な緊急性を除いては、基金も組織もなしに成長していったのです。生き延びるというのは、競争によってでもなく国家主義的な意味においてでもなく、危機を前にして国と国とが互いにひきつけあって全地球的《グローバル》に依存しあい、新たな国際関係を築いて生き延びるということなのです」。ロザリーが、特に二〇世紀の最後の一〇年間に、幅広く国際的に旅をして問題にかかわってきた目的は、公衆と環境の健康という、その全地球的《グローバル》な展望を前進させるためだった［訳注　一九八九年一〇月にロザリーは戦争防止国際医師会議（IPPNW）の第九回世界会議で講演するために来日した。その際、大阪と東京でも講演したが、その講演の元となった論文は邦訳されている。「骨に蓄積する放射性核種と単球（単核白血球）の減少」中川保雄訳、技術と人間、一九八九年。また、その際のインタビュー「地球を守るのは神が与えた使命」は『原発をとめる女たち—ネットワークの現場から』三輪妙子・大沢統子編、社会思想社、一九九〇年に収録されている］。

1982年3月　カナダにて（左はジェズイット・センターの修道士さんたち、右はロザリーを訪問した中川保雄）
（撮影：中川慶子）

第6章

ロザリーのグローバル化

一九八五年の『危険はすぐには現れない』の出版後、そして一九八六年のチェルノブイリ原発事故の後、ロザリーの出番は飛躍的にふえた。ロザリーのお気に入りは小規模なグループ——開発途上国のグループの場合が多かったが——との手作りの活動だった。研究者として、活動家として、証人として、友人として、環境事故の健康影響についての証拠書類を提供するにあたって、ロザリーは深く満足するべき生活形態をつくり出してきた。

一九八〇年代にロザリーが足を踏み入れた場所で太平洋のマーシャル諸島ほど印象深いところはなかった。ハワイと日本の中間地点にあるミクロネシアの珊瑚環礁である。第二次世界大戦後、ミクロネシアは国連の統治下に入り、「土地と資源の消失を防いで住民を保護するために」米国が管理した。一九四六年から五八年にかけて、米国はビキニとエニュエトクの二島で六七回も核実験を行った。一九五四年のビキニでの「ブラボー」実験はそれまで最大級の水素爆弾の爆発だった〔訳注　大量の死の灰を放出し、日本のマグロ漁船第五福竜丸なども被爆し、原水爆禁止運動の出発点となった〕。それはロンゲラップ島に避難させられた島民や他の近隣諸島の住民だけではなく、実験に携わったアメリカ軍人にも被害を与えた。大規模実験を何度も繰り返したので、実験地となった島々は放射能汚染され、ビキニはいまだに人が住めない。高率の甲状腺ガン、出産異常が見られる。

マーシャル諸島への旅を計画するに先立って、ロザリーはカナダの先住民に行った健康調査をモデルにした調査を行って、その地の人たちの健康に関するニーズを調べたいと思った。それを継続管理するために、二年間太平洋地域にボランティアで勤めてくれる医療職員の援助計画を提案した。ロザリーが連絡をとっていた現地の役人いわく、「太平洋諸島にはたくさんの研究者や専門家が出たり入ったりして忠告したり批評したりするけれど、いったん帰ったら二度と来てくれないね。……それに飛行機の便も目立って悪いしね」。しかしロザリーは意を決していた。「これは意欲的な仕事だと思えるから、成し遂げなければなりません。お金はどこかからやってくるでしょう」。

一九八三年の六月と七月にロザリーは公衆衛生の専門家で疫学者のサラ・ケイトとウィニペグ出身の看護師コレット・ターディフを伴ってミクロネシアに飛んだ。三人は数日間とどまって現地人にたいする放射線の影響を評価して結果を出したが、それについては地域の保健専門家も放射線の影響だということを知っていた。一九八六年にはさらに二週間半滞在して、政府や病院の関係者と会い、医療記録を精査し、ロンゲラップ島民の放射線の被害を評価した。期待された医師や看護師のかかわりはなかったが、ロザリーはマーシャルの人びとの疲れを知らぬ代弁者となっていった。

核実験後に先天的障害を持つ子を出産したロンゲラップの女性たちのことがロザリーの脳裏を離れない。ロンゲラップの女性たちには異常出産が多く、地元の人びとは生まれた赤ん坊を「くらげ赤ちゃん」と呼んでいた。ロザリーいわく、「髪の毛や骨はあるけれど顔や手足がなくて、生きた塊のようなものなのです。へその緒がつながっている間だけ生きています。女性は七、八ヵ月これをお腹にかかえて……、ただぶよぶよの生きた塊を産むのです。ある女性は、赤ちゃんが死ぬまでの三時間だいていて、それから夫に見られないように土に埋めたと話してくれました。女性たちは異常児を産んで自分を責めているのです」。

ロザリーや他の人たちが証人となったので、ミクロネシア問題は米国議会の議題となり、マーシャル諸島の人びとは組織をつくって損害賠償を請求した。一九八九年、ロザリーはワシントンの下院でロンゲラップ島民の健康状態に関して証言に立った。毒性が消えていないことを知りながら、汚染状況下の生体の反応を研究するために、原子力委員会の役人がマーシャル人を故意に帰島させた事実が、以前に秘密扱いされた文書から明らかになったので、被害者に補償することにたいする政府の抵抗が弱められた。

一〇〇〇人以上が被害にあい、補償要求はいまだに続いている。

健康になる権利

ロンゲラップの女性たちに会ったことにより、放射能やその他のあらゆる環境汚染は組織的に弱者の権利を侵害しているという確信をロザリーは強めていった。一九八八年にロザリーは憂慮する科学者たちと一緒にジュネーヴに「健康専門家国際委員会」（ＩＣＨＰ）を設立した。最初の年報にはロザリーの「人権としての健康」と題する挨拶が載った。その中で、人間の健康は市民的自由に劣らず人権なのだとロザリーは論じている。汚染されていない食べ物、空気、水を得るという基本的な権利は、言論の自由や選挙の自由のような公民権と同じように強力に守られなければならない。健康を得るという人権にもっとも手の届かないのは、通常、「マイノリティ・グループの人びと、先住民、技術力のない人たち、一般的に政治的な弱者」なのだとロザリーは続ける。そして、もし健康を得る権利を無視し続けるとどのような結果になるかを明らかにする。「最終的に、もし私たちが健康権を主張しなければ、大量殺人の新たな形を開発するのに熱狂している、私たちの中にいる戦闘的な人たちが、緩慢に作用する毒物、破局的な環境破壊、あるいは全面戦争で私たちを滅亡させるでしょう」。

マレーシアはロザリーが現地の人びとの健康権を守るために何度も証言した土地の一つだ。ブキ・メーラの八人の村人たちが、実質的に日本の三菱化成の子会社であるエイジャン・レア・アース（ＡＲＥ）を相手取って七年間にわたる裁判をした。ＡＲＥは原石のモナザイトから輸出用のハイテク素材をつくるための貴金属を抽出する。廃棄物には国際的に危険だとみなされている基準の六倍の放射性トリウムとラジウムが濃縮されていた。ロザリーは記している。「〔AREは〕この危険な物質をビニール袋に入れて工場の裏手にあるふたのない溝に捨てていたのです。犬が袋を破り、汚染物質が広い地域にばらまかれ、子どもたちの遊ぶ場所も汚染されました」。

地域住民はガン、白血病、先天性欠陥症に苦しんだ。ロザリーは土地や水の汚染を調査し、村人の健康を査定し、かれらのために証言する二人の科学者のうちの一人に選定された〔訳注　もう一人は日本の市川定夫博士〕。国際原子力委員会の委員たち、ICRP、三菱は長期にわたる裁判のあいだ一貫してAREを支援した。三菱が以前、同じプラントで地域住民に病気を引き起こす公害を出したために日本を追い出されたという前歴をもちながら、同種の問題を引き起こしていることが明らかにされてからは、とくにその裁判は国際的に注目された。法廷はついに会社側敗訴の決定を下し、会社に汚染物質を除去してマレーシアから撤退するよう命じた。

この判決は多国籍巨大企業が地域住民に健康被害を与え、環境汚染を引き起こしたかどで閉鎖に追い込まれた最初の例となった。AREが裁判所の判決を反故にしようとしたとき、一万人の住民が工場の再開を阻止した。「環境問題であれほどよくわかって行動に参加してくれた例をそれまで見たことがありませんでした」とロザリーは後に語っている。

ブキ・メーラの人びとの健康を調査するにあたって、カナダ先住民の場合と同様、ロザリーは公害の被害にあっている地域の健康状態をじかに自分の目で見るという新しい手法を発展させた。これをＷＨＯの「二〇〇〇年までにすべての人に健康を」というスローガンに敬意を表して「健康二〇〇〇」と名づけた。一九九一年、オンタリオ州知事直属の保健評議会は、先進的な公衆衛生評価手法を高く評価して、二〇万ドルの健康革新賞をロザリーに授与した。ロザリーはフィリピンにおける環境汚染の大規模調査にこの「健康二〇〇〇」を利用した。

軍事基地はその国にどのような責任を負っているのか？

ほぼ一〇〇年のあいだ米軍はフィリピンの国土を占領し、米国国防省はフィリピン基地が世界中でもっとも環境汚染のはげしい場所の一つだと認めた。一九九一年に基地が閉鎖されたが、米軍は除染もせず汚染状態をフィリピン当局に知らせもしなかった。二一ヵ所あるサイトのそれぞれから飲料基準を超える汚染物質が最低一つは検出されていた。汚染物質とは水銀・鉛・溶剤などだ。土壌検査をした一三ヵ所のサイトでは、危険なレベルのＰＣＢ、農薬、石油炭化水素などの汚染物質を検出した。

もっとも汚染されたサイトであるクラーク空軍基地司令部（ＣＡＢＣＯＭ）から米軍が撤

退した後、フィリピン政府はそこを火山噴火で立ち退かされた住民のための臨時の避難所とした。住人は環境が危険であることを知らされず、嘔吐、下痢、呼吸障害、流産が増加しはじめた。

一九九六年、基地除染のための人民タスクフォース（PTFBC）が、増加し続ける健康関連の苦情を調べることにした。ロザリー・バーテルとIICPH（国際公衆衛生研究所）が包括的な調査を依頼された。これはクラーク住民の健康調査の最初のものである。ロザリーは、二年をかけてその地域の環境汚染と七五一人の女性の健康状態を調査した。報告書は旧クラーク基地が毒物汚染されていて、基地付近の地域には高率の健康被害が出ていることを確認した。水と土壌の汚染は腎臓、尿路、呼吸、神経系の疾患を引き起こしていた。その調査は、除染、土壌の無害化、きれいな飲み水の確保が保証されるまで住民を避難させるよう推奨していた。

このような調査結果は、フィリピン人活動家の努力とあいまって、広く関心を集めた。同年の一二月『ニューヨーク・タイムズ』はこの問題をアメリカ人大衆に知らせ、米国が高度に汚染されたサイトを多く残しているので「今このときにも近隣住民に病気を引き起こしているかもしれない。ワシントンはフィリピンに除染費用をまったく払っておらず、おざなりに危険性を知らせただけだ」と記した。

米国や世界の個人や団体が、フィリピンや他の地域の汚染された基地の除染を支援するために集会を開いた。二〇〇〇年、フィリピンのグループがワシントンを相手取って集団訴訟を起こした。ロザリーにとって、この反基地運動のもっともありがたい点は、これが各地の運動を活発化させ、世界に環境犯罪を知らせたことだった。

多国籍企業は被雇用者にどのような責任があるのか？

一九八四年一二月三日の早朝、インド中部の人口密集地ボパールで歴史上最悪なもののひとつといえる化学事故が起こった。ユニオン・カーバイド社の所有する農薬工場がイソシアン酸メチル〔ＭＩＣ〕〔訳注　猛毒無色の可燃性液体。特に殺虫剤の生産に用いる〕の猛毒ガスを空中に放出した。二〇〇〇人以上が即死し、六〇万人以上が負傷した。ユニオン・カーバイドが十分に除染しなかったので、錆びて打ち捨てられたコンビナートは今日でも水や土壌に毒物を漏らしている。揮発性で危険な複合体であるガスの貯蔵も不適切なままだ。ユニオン・カーバイドは事故解決のために前もって提案されていた事項を守りもしないし、緊急の対処情報をその地の当局に知らせもしなかった。保険が要求金額を補塡したので、会社は一銭の出費もしなかった。個人への支払いは、慢性病の治療費としては不十分だったし、支払ってもらえない人がたくさんいた。ユニオン・カーバイドの最高経営責任者（CEO）ウォレン・アンダソンは起訴されたが保釈され、米国に帰国して、後に裁判のためにインドに戻るのを拒否した。ユニオン・カーバイドはボパールの工場を閉鎖して、出て行った。後に会社は村に二〇ヵ所の一次医療センターを設置するのに同意した。

一九九三年、永久人民法廷（PPT）——顕著な人権侵害を調査するために定期的に開催される自立した法廷——がボパールで開かれた。PPTは、ロザリーの指導の下、医療委員会を立ち上げ、被害者の医療面での問題点、治療、補償の調査を実施した。ボパール、ロンドン、ニューヨークの活動家の助けを得て、ロザリーは六〇種の調査を大学や研究所に送った。一一ヵ国から一三人の専門の違う医者を選定し、それぞれが交通費と実費以外は手弁当で協力した。

このようにして、事故後一〇年にして地域住民の病気を調査する疫学的研究がついに確立したのだ。その結果、工場との距離が呼吸器疾患、神経毒物学的損傷、角膜損傷、外傷後ストレスと関係していることが判明した。ロザリーは緊急事態にたいする備えのなさと惨事のあとの医療情報のなさを酷評した。「毒物に関するデータを地域の役人や緊急事態担当職員に提出していなかったのは倫理に反した、とんでもない行為です。イソシアン酸メチルは体内に入ってシアン化毒物になるのです。その事実を知らされたのが三日もたってからだったとは」。

委員会が調査したところでは、治療に関しても、長期的な診療と経済援助を得るどころか、被災者は「非合理的で、不必要で、高価な薬」を処方されることが多かった。委員会のメンバーがボパールから学んだ教訓は、グローバル経済はグローバルなルール――安全に働くための環境に関する最小限の世界的基準をつくり、それをあらゆる会社に守らせる――を必要とするということだった。そのような基準は、会社が人びとや環境を痛めつけないという最低限の原則に基づいたものであり、最終的には国連が強制執行できるものでなければならない。

二〇〇一年にユニオン・カーバイドはダウ・ケミカルに吸収されて消滅した。

二〇〇三年には、米国法廷で訴訟を却下されたボパールの被害者たちが上告した。

核事故の激烈さを判断するのはだれか？――チェルノブイリ事故とその後

史上最悪の原発事故、一九八六年に起きたチェルノブイリ原発4号炉の爆発・炎上は単独の放射能放出として史上最大だった。放射性のヨウ素131、セシウム137、ストロンチウム90、プルトニウム239を世界中に吐き出して、それまでの核実験を束にしたよりも深刻にヨーロッパの一部と旧ソ連を汚染した。

一三万五〇〇〇人以上の人が避難した。世界の穀倉地帯の一つである農地が耕作不能になった。監視が不十分だったので、ヨーロッパの多くの地域は何週間も何ヵ月も後になるまで汚染されているとはわからず、放射能があるという警告は後になって知らされるか、あるいはまったく知らされなかった。何年か後になってはじめて、風向きの加減で、ベラルーシがもっとも汚染された地域であったことが知らされた。

ソヴィエト政府は即座に箝口令《かんこうれい》を敷き、後続の政府も、アメリカの支持を受けて、こうむった被害をないことにしたり、最小限にしたりしようとした。ソヴィエト当局は死者の数を三二人とし、その後続々とつづく病死を「ストレス」のせいだとした。もっとも被害を受けた後継政府、ロシア、ウクライナ、ベラルーシはそれぞれの政治的理由から悲劇の程度をひた隠しに隠した。ＩＡＥＡ（国際原子力機関）やＩＣＲＰ（国際放射線防護委員会）のような規制機関は原子力の可能性を維持することにやっきになっているので、各政府を支持した。しかし、指導的な米国研究者が発言した。ジョン・ゴフマン博士は一九八六年に、チェルノブイリ事故によって、旧ソ連の内外でおよそ五〇万人が致命的なガンにかかり、同じく五〇万人ほどが致命的ではないがガンを発症するだろうと評価した。一〇年後、被災地から得られたデータを研究した後も、ゴフマン博士はその予想を曲げなかった。

ロザリーは爆発の直後にキエフ入りし、ソ連の科学者と協力して、公式の被害評価と独立系研究者――その後逮捕などによって黙らされた人たちもいた――の被害調査との食い違いを調べようとした。そして、一九九一年に再び、トロントのロータリークラブとともにキエフを訪れた。同伴したのはトロント大学の医師と「チェルノブイリの子ども・カナダ基金」の代表で、協力できる適切な医療機関を探し、後に医療機器を贈った。

一九九六年、永久人民法廷の他の会合でロザリーはチェルノブイリに関する国際医療委員会の長に選任された。この委員会は「社会的責任を果たすための医師団（ＰＳＲ）」と「核戦争防止国際医師会議（ＩＰＰＮＷ）」がスポンサーになっており、チェルノブイリの惨事の結果を調査するために国際的な四〇人の証人を招集した。

ロザリー自身の証言はキエフ訪問の様子を述べたものだった。「チェルノブイリ惨事の一〇周年のとき、私はキエフの人たちの集会に参加して、爆発後に除染するため雇われた消防士の話を聞きました。約六〇万人がチェルノブイリ『除染作業員』として召集されました。素手で放射性の金属をつかみ、……三〇〇以上の消火をし、……トラック・消防車・自動車を埋め、森の木々を倒して表土を除去しました。」――除染作業員のうち二三七人が病院に運ばれ、三二人が死亡した。他の人たちは名前の登録もなければ、その後の健康チェックもない。みんな帰郷し、そして多くの人たちが死んでいった。

一九九七年、永久人民法廷の判決と勧告が、ジュネーヴで開かれたＷＨＯの会議に出席した保険大臣たちに送られた。「永久人民法廷はチェルノブイリ大惨事追跡調査の偏った報告と商業的原子力産業の世界をあげての推進を非常に憂慮している」と勧告は述べている。核サイクルの各段階が「危険で発ガン性があり、催奇形性があり、突然変異誘発性のある物質」と関係していると結論づけて、法廷は原子力発電の廃止と、核エネルギーを推進するようＩＡＥＡに向けて出された命令の撤回を要求した。さらに、法廷はＩＣＲＰはもはや健康に関して権威があるとみなすべきではないと結論づけた。代って、ＷＨＯ自身が放射線の影響に関する報告に全面的な統制権をもち、人間の健康を守るための規制を確立するべきだとした。

チェルノブイリの物語は続いている。世紀の変わり目に、もっとも汚染された地域の子どもの甲状腺ガンの罹患率は西ヨーロッパの一〇〇倍以上に達し、先天異常がチェルノブイリの被曝児に現れていた。とくに、進歩した生物的測定技術が使えるようになったこともあって、年を追うにつれ被害の規模が広がった〔訳注　マーティン・トンデル博士は、二〇〇七年に発表した博士論文集において、チェルノブイリ原発から約一六〇〇キロメートル離れたスウェーデンの汚染地における一九八八〜九九年のガン登録を解析し、地表のセシウム１３７の汚染レベルに応じた住民のガン罹患率の増加を疫学的に証明した〕。

ロザリーはこれら遠く隔たった地域——マレーシア、インド、フィリピン、ウクライナ——で起こった問題のそれぞれが、国境を越えた広がりを持つ問題に十分に対処できていないことを明らかにした。ロザリーの見解によれば、それぞれの問題が緊急に国際的な規制や組織を必要としているのだ。

体力の限界に抗して

友人や同僚がロザリーのエネルギーに驚嘆していたが、やはり長距離の旅行にはしっぺ返しがついてきた。じっさい、ロザリーは若くて丈夫な女性でも負担になるような健康上の挑戦を続けていたのだ。一九八〇年代から、家に送る手紙やファックスには病気に関する言及がみられた。一九八五年七月には「広島・長崎四〇周年のために日本に発ちます。その後、著書の『危険はすぐには現れない』の販売促進のためにオーストラリアに、それからバターン原発許可のヒアリングのためにフィリピンに行き、その後フランス領ポリネシアに飛んで、住民がフランスの核実験に反対するのを援助します。お元気ですか？　私は調子が悪くて〔肺の虚脱で〕元気が出ない感じです」。

一九八七年の雑誌編集者への手紙には寄稿文を縮めてもらったお礼の際に、「この文章は

──いつもながらのことですが──時間と病気に迫られて書いたものです。マレーシアでガイガーカウンターを持って放射能の山を上り下りしたので、また大葉性肺炎に罹ってしまいました。放射能は病気にたいする抵抗力を減退させ、加えて呼吸器に障害をあたえるという、私の信念が強化されたわけです」。インドと南アフリカに行く計画に関する自己の事務所宛ファックスにはこのように記されている。「二月一六日に南アフリカから帰国し、一九日にテキサスに発つことになっていますね。二三日にあるオンタリオ州ウィンザーの会議に間にあうように帰らなければなりません。これは私の健康がもちこたえればの話ですが」。

講演の日程が目白押しだし、交通機関は急に変更になるし、慣れない食べ物が出てくるし、環境は危険に満ちているし、ということで、ますます健康に悪影響が現れる。ある年など、三度も肺炎の発作を起こした。またあるときは、広島・長崎・香港・ボンベイ［訳注今のムンバイ］・マスカト［オマーンの首都］・ナイロビ［ケニアの首都］・キンシャサ［コンゴ民主共和国の首都］を回る予定だったが、そのほとんどをキャンセルしなければならなかった。東京の修道会から事務所にあてて、帯状疱疹にかかったので、医者から少なくとも一週間は安静にするように言われているとのファックスを送っている。一九九二年には、「科学に寄与する女性たち」の撮影直前に脚の手術をして、撮影のときには松葉杖をついていた。ロザリーのコメントは特徴的だ。「私たちはこの困難を乗り越えられますよ！」

しかしながら、ロザリーは自分が限界に来ていることを自覚していた。それは一九九〇年にノルウェーで話したことに現れている。持続可能な開発という環境上の概念を個人的な経験になぞらえて次のように語っている。「もう若くもなく、健康でもなくなって、突如として慢性病におそわれたら、人は自分がやっていることを持続させることがどのようなことかを理解しはじめるのです。仕事の種類、睡眠の量、食事の量、新たに取り組む仕事の数、これらがその人のエネルギーとそれを持続させるための能力によって制限されるのです」。

しかしロザリーは、使命感に駆られ、また劣化ウラン（DU）のような地球の存続にたいする新たな脅威に立ち向かうために、さらに多くの講演をし、新たなプロジェクトにとりかかった。

劣化ウラン――廃棄物から武器へ

一九九〇年代、いやそれ以前から、ロザリーはDUに反対する初期の強力な声の一端を担っていた。英米が第一次湾岸戦争で最初に使用したDUは原子炉の燃料をつくった後の放射性廃棄物を原料としている。四五億年の半減期を持つウラニウム238を九九％使ってできているDU兵器は湾岸戦争、アフガン戦争、バルカン戦争で使用された。

放射能と化学毒性を持つDUは鉛や鋼鉄より重いので、ミサイル・弾薬・戦車の外壁にはもってこいの材質である。ペンタゴンの役人の言葉によると「DUは熱したナイフがバターを切るように」戦車を貫通して爆破する。DU弾は衝撃で燃えあがり、酸化ウラニウムのほこりや煙となり、風に乗って何キロメートルも先まで飛んでから地上に落下する。「いわゆる『精密爆撃』はDUが使われているかぎり残酷なほら話にすぎません。拡散の範囲などコントロールできないのですから」とロザリーは語る。国連人権小委員会はDU兵器を大量虐殺兵器に含めている。したがってDU兵器は人権法とは相容れないとロザリーは指摘している。

DUは溶解物と不溶物、セラミック〔ガラス様〕の形態で呼吸器官や消化器官に取り込まれる。溶解物は数時間で体内を通過するが、セラミック状のDUは、いったん吸い込まれると、何年間も体内にとどまって組織を照射する。第一次湾岸戦争の爆撃の結果、大量のウラン238が、大半はイラク南部に残留しているので、永遠に土や水や食物連鎖を汚染し続けることになるだろう。アメリカの軍隊は放射線被曝の検査をしてもらわなかったし、DUの危険性を注意されもしなかった。

健康被害は甚大だと予想できる。イラクではあらゆる年代層、とくに子どもにガンが増加している。ボスニアやコソボでも同じ結果が現れている。一五万人以上のアメリカ退役軍人の経験している湾岸戦争症候群は大量のワクチン摂取と油井の燃焼による毒物が原因ではないかとされている。しかしその症候群はまた放射能汚染の犠牲者と共通する特徴を示してもいる。たとえば、免疫不全による感染症、白血病やその他のガン、被曝退役軍人の妻の出産異常――流産、乳幼児の死亡、先天性障害――など。八年たってからでも、退役軍人の精液や尿からＤＵが検出されている。

ロザリーはＤＵの危険性がよく知られているのに、その影響を無視している米英政府の欺瞞性をあばいた。一九九八年になってようやく、ペンタゴンは何千人ものアメリカ兵が被曝している可能性を認めた。したがって、第二次湾岸戦争で、軍隊は傷には必ず包帯をするように、またゴムスーツのジップをしっかりしめるように警告した。

ロザリーはまたカナダとＤＵとの結びつきについて公にした。カナダの退役軍人も同様に湾岸戦争症候群に苦しんでいること、核爆弾や原子炉の燃料製造に必要な核分裂性の成分、ウラン２３５を取り出す「濃縮」といわれる過程に使われるウラニウムを米国に送ってカナダがＤＵ製造に加担していることを公表した。「三〇日以内に劣化ウランを返却してくれと言わなければ、米国の所有物になります。したがって放射性廃棄物が兵器になってしまうのです」とロザリーは語っている［訳注　二〇〇四年に開かれたイラク世界民衆法廷（ＷＴＩ）広島公聴会の報告集にロザリー・バーテル博士の寄稿論文が収録されている。「戦争における劣化ウラン兵器の使用について」馬場浩太校閲、二〇〇五年〕。

とてつもない新兵器――HAAP、ELF、さらにひどいもの

二〇世紀が終盤に近づくと、ロザリーの関心は核兵器から地球そのものを兵器とする極めて新しいアメリカの戦争戦略へと推移した。ロザリーの新著『惑星地球――最新の戦争兵器』（*Planet Earth: The Latest Weapon of War*, 2001）〔邦訳『戦争はいかに地球を破壊するか――最新兵器と生命の惑星』中川・稲岡・振津訳、緑風出版、二〇〇五年〕では、戦争と軍事的実験がいかに地球および大気中の保護層の両方で自然の生態系を混乱させるかについて豊富な情報を提示している。「私は今の世の中の狂気にみちた技術的な証拠を見せられても容易に怖がったり驚いたりはしないが、本書の証拠には強く引きつけられた。また、ロザリー・バーテルの本を読むと純朴な気持ちになってくる」とカナダ・シエラクラブ〔訳注　一八九二年に設立されたアメリカで最も古くからある環境保護団体のカナダ支部〕の常任ディレクター、エリザベス・メイは書評で述べている。

一つの驚くべき計画は、HAARP〔高周波活性化オーロラ研究プログラム〕であり、それはアラスカに設置され、ロザリーの言葉によれば、「超高層大気を理解し支配するために五

〇年間営々と積み重ねられてきた徹底的でますます破壊的になってきたプログラムと関係している」。この強力な格子状のアンテナと送信のタワーは大気を高周波光線で爆撃して、電離層〔大気の外側の層〕をコントロールして改変することができる。米空軍の研究はそれらの改変を気象パターンの改造と敵方の通信やレーダの混乱を引き起こすための手段として利用することをめざしている〔『戦争はいかに地球を破壊するか』二〇三～二一三ページ参照〕。

ＨＡＡＲＰの主な軍事的目的はオゾン層が湾曲した「レンズ」の形になるように熱することだ。これはＨＡＡＲＰの巨大なエネルギー線を地球に反射して、おそらく惨事の原因の跡を残すことなく、選んだ標的を破壊することになるだろう。すでにいつでも使用できるようになっているので、洪水や旱魃やハリケーンや地震を引き起こす潜在力を持っている。科学者たちは、そのようなものを運転すれば何が起こるかだれにも予想できない、たぶん脳や行動にも影響が及ぶだろうと警告している。

『戦争はいかに地球を破壊するか』は、また、ＨＡＡＲＰと米国が協力したロシアの軍事施設がパルス状の極低周波〔ＥＬＦ〕を生み出す方法を述べている。これらは潜在的に地球自身に向けられており、サンアンドレアス断層〔訳注　北米西岸に沿った大断層〕のような微妙に均衡を保っている地殻構造プレートを攪乱する。さらには、極度に強力で、相互作用の可能な軍事施設の鎖が増強され、種々のタイプの電磁場や波長を使用し、それぞれが地球や大気に異なった影響を与える能力を持っている。これらが地殻や大気に与える影響を予想するのは不可能だが、新たな技術の実験は最近の地震や異常気象に関係していると予想する人は多い。

元国防長官のウィリアム・コーエンは軍事実験が地球と大気に脅威を与える可能性があるとし、「よその国」はエコタイプのテロリズムをやる、つまり電磁波を使うことによって気候を改変し、遠隔地から地震や火山活動を起こすのだと主張した。ロザリーは「軍は自分たちがすでに持っている能力を他国の軍が持っているといって非難する習性があるのです」と述べている。

平和、環境、女性の力

一九九〇年代初頭ロザリーはすでに世界的な知名人になっており、環境保全についての発言は一九九三年に認められた。国連環境計画（ＵＮＥＰ）がロザリーをグローバルな栄誉賞五〇〇人名簿に載せたからだ。ロザリーの講演や書き物は三つの互いに関連した問題——健康であるべき基本的人権、軍の危険性、国際的な安全保障にいたるための平和を増進する女性の力——にますます絞られてきた。他の事柄についてもそうだが、戦争と平和に関する意思決定の場から女性が締め出されていることについて、ロザリーは以前よりずばずばものを言うようになっている。

活動家として歩み始めたときから、ロザリーの聴衆は女性が圧倒的多数だった。だから最初の原子炉公聴会のときに「たぶんこれは命にかかわることかもしれません」と発言したのだ。ロザリーの人生をつうじて女性たちが支援システムの多くを形作ってきた。女性たちがロザリーを講演に呼び、旅行の計画を助け、歓待し、最初の本を出版し、テレビに、ラジオに、新聞のインタビューにと招き、友情を尽くしてくれた。

一九七〇年このかた、クラムシェル同盟やグリーナム・コモン平和キャンプのように、女性が反核や環境グループのリーダーシップをとるようになってきた。元西ドイツ緑の党の指導者でロザリーの友人のペトラ・ケリーによれば、「世界中の女性が立ち上がり、反核・平和・もうひとつの世界を求める運動が今までに見られないほど活発で創造的になった」。

すでに一九八五年に、国際女性会議でロザリーは現行の平和交渉を批判し、交渉者は男女同数として、世界資源の分配をもっと平等にするよう提案した。

一九九〇年代をつうじて、軍国主義の危険性に焦点をあてて、ロザリーは平和と地球の健康にたいする脅威だと感じたものに女性がかかわる道を探っていった。女性による女性のためのいくつかの大きな大会に、たいていは基調講演者として参加した。カナダ、米国、ヨーロッパ、中国で開催されたそれらの大会は、女性が政治の領域にますます自信を持って参加していることを証明した。

一九九五年の北京女性会議で、ロザリーは過去一〇年間に心を占めていた大きな問題——現代の技術を駆使した戦争が人間の居住環境と生命維持システムに与える衝撃、軍事的な思考様式が強まっていく脅威、戦争の社会的・経済的コスト——について検討した。戦争と暴力が「自然」であり、人間の心理と歴史の中で変わらぬ要素だとする論議を否定してロザリーは述べる。「暴力は不自然です。外部から暴力を及ぼすには殺戮行為をしかるべきものと位置づける必要に迫られます。そのために、特別のユニフォームやいい食べ物や、……、脱走兵にたいする罰則や、……、念の入った社会的圧力が必要になります。戦争は人間性の一部だという神話がウソだということを明らかにしなければなりません。……文明人が奴隷制や食人の風習をやめたのと同じように、戦争は廃止するべき行為なのです」。

この時期、軍事的な思考を社会が容認している状態を表現するのに、ロザリーは中毒と言う比喩を使った。「それは中毒のあらゆる古典的兆候を示しています。それは秘密裏に行われ、誇張され、健康と社会的利益を犠牲にし、最上最良の頭脳を国家に取り込んで、大量殺戮兵器の製造につぎ込みます。この軍国主義中毒は広汎な破壊力を持っていますが、私たちはそれとまともに向き合ってはいません」。

環境保護の主流となっている考え方――リデュース、リユース、リサイクル――もまた比較的マイナーな問題に焦点を絞っているとロザリーは考えている。「私たちが環境問題を語るとき、それが個人の冷蔵庫だったり、わきの下の消臭剤だったり、あるいは紙のリサイクルをしないからこうなったのだというようなことを話題にします。軍が生命維持システムを損傷するというようなメジャーな問題については語らないのです」。

ロザリーは基本的な変革を求めている多くのグループ――先住民の国際組織、労働組合、宗教、医療、環境のグループ――に期待を寄せている。とりわけ平和や環境のグループの中核をなし、協働と非暴力の規範を作り上げた女性たちに信頼を寄せている。

活動量を減らす

ロザリーは一九九四年にＩＩＣＰＨ（国際公衆衛生研究所）を辞任する決心をした。もっとも、制限された個人的な基盤の下で、コミュニティの健康に関する興味を追究していこうとは思っていたが。同年一一月の式典は研究所の一〇周年であるとともにロザリーの退職の式典となった。研究所の友人や支援者にあてた最後の手紙で、ＩＩＣＰＨの一〇年間の仕事でとくに満足しているのは、人間と環境の健康を促進するために自分たちが先進的なプログラムを作ったことだと告げている。健康影響評価研究やカナダ、遠く離れたマレーシアで利用した「健康二〇〇〇」の方法論などだ。

研究所の支援者あてに書いた最後の手紙は次のようなものとなっている。

一〇周年を祝う会はまた悲しい調べも奏でます。私は健康を害したために評議委員会に辞職願を受理してほしいとお願いしました。今までやってきたことに満足していますし、今目に見える形で見込みのあるモデルは、他の人たちを魅了して仕事を続行しようという気持ちを引き起こすことでしょう。長らく一緒にやっていただいてありがとうございました。よきことのために共に仕事をしてきたところから流れ出るパワーをいつも覚えていてください。あなたがＩＩＣＰＨをずっと支え続けてくださったことがその持続的な活力にとってなくてはならぬものとなることでしょう。

一九九五年以来ＩＩＣＰＨは「壁のない研究所」として存続し、ロザリーはずっと絆を保っていた。二〇〇三年には七四歳になっていたが、ロザリーはトロントでのＩＩＣＰＨの大会に参加した。

健康が悪化し続けているので、ロザリーはもう一度引越ししなければならなかった。二〇〇一年にバッファローに帰ったときには、家族や幼友達がカナダやさらに広い世界で二〇年間にわたって冒険してきたロザリーを温かく迎えた。旅行や講演の約束は減ったが、完全に引退したわけではなかった。ロザリーは『戦争はいかに地球を破壊するか――最新兵器と生命の惑星』を仕上げることにし、それは同年に出版された。

また二〇〇一年には世界でもっとも古い平和団体である国際平和ビューロー〔訳注　一九一〇年にノーベル平和賞を受賞した国際的な平和推進ＮＧＯ〕からショーン・マクブライド平和賞を受賞。銀メダルにつけられた賞状には「先住民や開発途上国の人たちの健康や生命という人権を守るために、彼らと手を携えて、産業・技術・軍の公害に抗して働いたこと」を讃えている。英国ケンブリッジ国際人名センターの『二〇世紀の傑出した二〇〇〇人の女性たち』の出版に際してロザリーもその中の一人に選ばれた。

第7章

一生よりも大きな夢

ロザリーが大切にしている文書の中に、英国エネルギー省の主席科学者ケルヴィン・スペンサー卿からもらった手紙がある。一九八四年にロザリーが英国のサイズウェル原発の公聴会で証言したあとにもらったものだ。

ときには老年になると厚かましくなったり、退化して未熟になったりしますが、そんな状態でお便りしています。私は普通の市民、賞味期限切れの退職科学者ですが、核産業に忠誠を誓った人たちに知的な正直さが欠如していると書かねばならないのは悲しいことです。サイズウェルの公聴会でのあなたの証言は、何十年ものあいだ待望されていたものでありますが、たった今、あなたのおかげで、この世に出現したのです。私たちと、もっと大勢の子孫たちはみなあなたに感謝を捧げねばなりません。そしてあなたから、自分で選んだ過酷な仕事にその一生を捧げる道を教えていただいたのです。私にはわかっています、あなたはすでにたくさんの攻撃を受け、ありもしないことを言いふらされ、陰に陽に無礼な態度をとられたことでしょう。

そこでこの手紙を差し上げるのは、あなたを讃える人は多くいるのだけれど、タイプライターの前に座ってそういうことを伝える人は少ししかいないということをわかっていただき、ほんのひととき少しばかり喜んでいただきたいと思ってのことなのです。あなたはフローレンス・ナイチンゲールやレイチェル・カーソンのような人の正統的な後継者なのです。

実際、三人の女性の人生ははっきりと類似している。三人とも子どものころは病弱で、結婚を避け、公衆の健康に関する仕事に献身している。その中で、時代の男性エリートたちにまともに挑戦して結果的に厳しくけなされる。ロザリーの場合は、科学界、政界、産業界の高潔さについて、またかれらの倫理的な指導力や社会の方向性を攻撃し、かれらが人間の健康と自然界に無頓着なことを暴露した。それは、為政者は中立的でなければならない、そんなことをしていれば、強力な産業にたいする民衆の支持を失い、苦情の申し立てや裁判が機能しなくなり、社会の意思決定者にたいする大衆の支持が失われるとのメッセージなのだ。

かくして、ロザリーの核科学、核技術、核政策決定――すべてが男に支配されている――にたいする攻撃は、批判の集中砲火をあびた。

ロザリーは「真の」科学者ではなく、学問的な信用証明書をなくした計算屋だそうだ。公衆のために書き、そうすることによって科学的な信頼性を危うくした。ロザリーは物語、逸話、個人的な事柄を講演や書き物に使ったが、それは科学の世界に居場所のない「証拠」だそうだ。ロザリーは修道女であり女だった。「シスター・バーテル」との呼び名を選ぶことによって、誹謗者たちはロザリーの専門的知識をおとしめ、彼女が科学の世界からかけ離れた霊の領域に取り込まれているとの観念を与えるのだ。理性を感性のために捧げることによって、ロザリーは免れがたい人類の受難にたいする過敏さゆえに、誇張した議論を提起した。ロザリーの放射能に関する意見表明は金銭的な価値判断に欠けていた。

それでもなお、ロザリーは間違っているときよりも正しいときの方がずっと多かったようだ。そして核エネルギーを受け入れるについての民衆の意見と科学的見地とはここ何十年のあいだにロザリーの方に近づいている。

核エネルギーの斜陽と没落？

ロザリーは当初目標を二点——原子炉から出る放射線の健康被害とＩＣＲＰ（国際放射線防護委員会）が公衆を十分に保護していない点——に絞って活動家として成功した。一九七〇年代初頭、北米では原子炉の建設が急ピッチで進められ、規制の面ではＩＣＲＰが君臨していた。今日では、原子力はたいていの西洋諸国で民衆に受け入れがたい存在となっており、ＩＣＲＰは守勢にまわっている。

原子炉はあいかわらず発展途上国、とくにインドや中国で建設され続けている。しかし、西ヨーロッパや北米では、建設は足踏み状態になっている。最近の米国政府は原子炉建設に意欲を見せているが、まだ深刻な動きにはなっていない。カナダでは、オンタリオ州に集中している核産業は困難に遭遇して断末魔の叫びをあげているようだ。二〇〇四年の初め、オンタリオ州のエネルギー大臣が将来の政策をエネルギーの保全と風力・太陽光などの再生可能エネルギーにあてると発言した。公衆の健康は原子炉の安全性にかかっているし、核のゴミ問題は未解決だし、また原子力発電所の建設・修理・廃炉にかかる天文学的数字の費用を納税者が支払わねばならないことから、今後の原子炉建設は不確実となっている。しかし、カナダで核産業が死に体であるというのは早計だろう。ＡＥＣＬ（カナダ原子力公社）は新規建設を進めようとしているし、核エネルギーが地球温暖化の切り札になるとの見解を持っている。

どれくらいのレベルの放射線なら「許容」できるのかという基本的な問題については、ＩＣＲＰのやり方にたいする批判者はもはや「ごろつき科学者」の枠にとどまっていない。アカデミックな機関で研究している科学者も含めて、新しい世代の研究者はＩＣＲＰの基準や研究モデルに疑問を持っている。原爆研究に基づいた外部放射線に関するデータを核労働者や核施設の風下住民のような人たちのあびる内部線量にまで適用するのは科学的に認められないと主張している。ＩＣＲＰのパラダイムは物理学に基づいており、ＤＮＡの発見と分子生物学の発達以前に展開されたものである。生物学と疫学を基礎とした新しいパラダイムは、たとえばチェルノブイリ事故の除染にかかわった親から生まれた子どものＤＮＡ内の突然変異率の計測を可能にするような、実験技術の進歩を適用している。

ＩＣＲＰは現在トーンやメッセージを修正している。何十年来ロザリーが注目してきた争点――労働者の内部被曝の計測、低レベル放射線量の発ガンリスク、妊娠八週末までの胎児と三ヵ月までの胎児にたいする放射線リスク、放射線リスクの基準を成人男性においている点――に関して報告書が刊行されつつある。ＩＣＲＰはまた二〇〇五年には新たなひとそろいの線量の勧告を出す予定である［訳注　項目別に順次発表してきたが、二〇〇七年三月二一日に出来上がった］。「同業の仲間はもとより一般の人たちにも情報を提供するべく、われわれは向上していかねばならない」とＩＣＲＰの科学部長、ジャック・ヴァランタン博士はインターネット上に投稿した最近の声明で述べている。

かくして変化は目に見えてきた。核エネルギーに関する政策決定において、放射線リスクに関する科学的理解において、ＩＣＲＰの決定の方向において［訳注　著者のまえがきにあるように、状況はガラリと変わってしまった。地球温暖化の救済策として電力を原発に頼ろうとする見解が急激に勢いを盛り返している」。しかしながら、環境や遺伝子の不可逆的な汚染はすでに起こってしまっている。技術にその時点での知見をはるかに追い越すことを許した結果、たえず過ちが引き起こされてきた。

人びとの大きな鎖の一つとなって

ロザリーの道程は修道院から大学院での研究と教職へ、ガン研究から核エネルギー批判へ、そして平和と環境保護の活動へと伸びていった。変化と断絶の刻まれた人生行路は女性にとって珍しいものではないが、ロザリーの場合には健康上の不如意と宗教上のつとめによってさらに複雑なものとなった。

成長と達成の扉が閉じられてしまうのではないかと思われる危機にたびたび見舞われた。けれど、そのたびに自力で新たな突破口を開いてきた。修道院でうっ血性心臓病を患ったときには、黙想にふける生活を中止して、大学院の研究生活に入って優秀な成績を修め、愛される教員になった。しかし、またまた病気が原因で、もっとも、さらに研究上の修行を続けたいとの願いもあったのだが、ロザリーは教職をやめてガン研究に取り組んだ。低レベル電離放射線の危険性を知るにつれ、科学的な仕事を続けながら反核の活動に向かった。五〇歳の誕生日を迎えるころには、非難にさらされ、研究資金を失い、健康上の不如意から職に就かず、同僚もなく、支援もなくなった。ロザリーの反応は自分自身の仕事を作ることだった。最初はバッファローで、次いでトロントで、独立したコンサルタント、講演者、そして研究者としての仕事をつくり出した。

けっしてたやすいことではなかった。「科学者がどれほど自立していないかは知られていません。独立した考えを持っていないのです」とロザリーが語ったことがある。「だれが科学者に支払いをするのでしょう？　政府、産業界、大学――これらは論争の的となっているプロジェクトに資金を出しはしません。科学者には助成金、研究装置、財源が必要なのです。……たいていの場合、前に進むためにぎりぎりの綱渡り生活をしているのです」。しかしロザリーはどんなに可能性のなさそうな状況の中でも積極的な成果を出す能力を持っていた。「ぎりぎりの生活」経験から、ロザリーは自立と独立とをもぎとった。「私はほとんど何もなしに暮していますーーだから世間で横行しているような圧力を私にかけるのが難しいのです」。

ロザリーの人生行路で変わらなかったものは、研究能力、絶えることのない困難な仕事に立ち向かう力量、「成果を残して」他者の生活を見違えるように改善するための情熱だった。放射能にたいする自己の知識を聴衆に教えて、身を守るために立ち上がりなさいと力づけた。「市民グループには驚きますよ。影響をうけ、傷つけられているときに本能的にそれを知っているのです。宣伝がいかにさかんに飛び交っても、大衆は危険だというメッセージや、万事うまくいっていると吹聴する政府や産業界が信頼できないことを感じ取っているのです」。

人びとはロザリーの同業者と認められる「専門家」から脅され、さげすまれていた。ロザリーは、あなた方が核汚染を怖がることも、情報を入手して他の人たちと情報を共有する義務をはたすことも正しいのだと言った。ブリティッシュ・コロンビアの活動家で作家のテリー・ウルフウッド*は一九九五年の北京女性会議でロザリーが聴衆を元気づける発言をしたことを想起している。「ロザリーの発言で忘れられないのは、情報と真実を追究する義務が私たちにはあって、出来事の渦中にある人からまず聞かねばならないと言ったことです。ロザリーはまた、生の情報を伝える義務があると言いました。『私たちは自分たちのメディアになれるのです』とね」。

ロザリーは講演の仕事に多くの資質を動員している。それは、放射線と核産業について

＊テリー・ウルフウッド　ブリティッシュ・コロンビアの活動家で作家。世界社会フォーラムの会員として、地域活動と地球規模の活動に携わる。世界の女性の活動を評価したビデオ『世界を紡いで』を製作。

の広範な知識であり、道徳的情熱であり、違ったタイプの聴衆にかかわれる能力であり、天賦のユーモアと語り口だ。さまざまな観察者――洗練されたジャーナリスト、わが子を案じる親たち、親しい友だち――もまたロザリーのずば抜けた個人的資質を認めている。それは、誠実さ、簡素さ、やさしさだ。二〇年来の知己であるウルフウッドは、「ロザリーは当然のこととして世界中で知られていますが、プリマドンナではありません。私からのメールや電話に答えてくれますし、個人的な関心事を口にしますし、いつも謙虚で、時間や知恵を惜しげもなく分け与えてくれるのです」と述べている。

二〇〇三年の暮れ、心臓の手術を待つ間、活動家たちがこの困難な時代にそれぞれ希望をもち続けることができるような信念について論じる本に寄稿するために、「私は何に信頼を置いているか?」[訳注　引用文の原文はhttp://www.rosaliebertell.net/trust.htmにアップされている]という一章を記していた。

連綿と続く生命、先々の世代のために事態をよくせよとの神の思し召しがあらゆる躊躇を消し去ってしまいます。行動するのは自然で、行動できないのは苦痛です。私たちは自分たちが切望している成果を楽しむ必要はありません。私たちの後に続く人たちが成果を得るのを「見る」ことができるからです。私たちは、地球のこと、地球を豊かにする命、諸権利が尊重され、子供たちが育まれ、平和がいきわたることに心をくだく人たちの大きな鎖の一部なのです。私たちは、何か自分たちより大きなものの一部でなければなりません。なぜなら、私たちの夢が私たちの一生よりも大きいことは多々あるのですから。

（完）

訳者あとがき

本書は『戦争はいかに地球を破壊するか――最新兵器と生命の惑星』や『放射能毒性事典』の著者ロザリー・バーテル博士の波乱に富んだ半生を描いたものです。ロザリーさんは、女・子ども・少数民族・社会的弱者を犠牲にして発展する核産業の現実を目の当たりにしたとき、それを看過することができず、その不条理に真正面から挑み、職を奪われ、命を狙われるなどの報復を受けてもひるまずに進んでこられました。しかしまっしぐらの人生に見えていても、それぞれの節目では常に自己を見つめる機会とゆとりとを作り出して、次の段階へと踏み出されたのでした。そのようなロザリーさんの生きかたに、私たちは目を見張る思いで引き込まれていきます。

ロザリーさんにはじめてお会いしたのは、一九八三年、亡夫中川保雄とともにトロントのジェズイットセンターを訪ねたときでした。当時は身の危険を感じておられたのでしょう、カナダから米国への国境を越えてバッファローの母校で講演会「日本の原発事情」を開いてくださったときにも、国内で行動するときと同様に修道士さんたちが付き添っておられました。その後、来日されて関西に泊まられるときには我が家も定宿のひとつにしてくださったので、その博識ぶり、情勢判断の的確さ、視野の広さとともに、人格の高潔さ、温かさ、親しみやすさにじかに接することができ、私は尊敬の念をますます深めていきました。

一九八三年の旅行で私たちは*Nuclear Witnesses*という本を見つけ、ロザリーさんから著者のレスリー・フリーマン博士を紹介してもらって、ニューヨークのネットワークの中で反核運動をしているフリーマンさんに会い、翻訳の許可をもらいました。折も折り、ワシントンのホワイトハウス前で一〇万人規模の反核集会があり、ニューヨークの人たちと共に参加してアメリカ市民のエネルギーに驚嘆したものです。その『核の目撃者たち――内部からの原子力批判』（中川保雄と共訳、筑摩書房刊、一九八四年）は一三人の核批判者へのインタビューと解説とからなっていますが、ロザリー・バーテル博士をはじめ、本書に名の挙がっているジョン・ゴフマン博士、アーネスト・スターングラス博士という低線量被曝の危険性を一貫して訴え続けてきた研究者が登場します。図書館などで目にされたら、どうぞ参考になさってください。

また、本書で紹介される放射線の危険性や放射線被曝に関しては、『放射線被曝の歴史』（中川保雄著、技術と人間刊、一九九一年）と重なる部分がありますので、こちらも参考にしていただければ幸いです。

本文を補完するため、ロザリーさんを尊敬し、活動を共にしてこられた振津かつみ博士からロザリーさんの近況をお聞きしました。

第一線を退かれたはずのロザリーさんですが、国際的な活動に終着点はなさそうです。二〇〇五年にニューヨークで開かれたNPT（核拡散防止条約）再検討会議の関連企画として国連内で行ったICBUW（ウラン兵器禁止を求める国際連合）のワークショップで重要な指摘をされ、二〇〇六年七月大阪で開かれた国際シンポジウムの講演では、放射線の影響についての過小評価を歴史的に総括され、その後広島で開かれたICBUW世界大会における基調講演では、劣化ウラン被曝の健康影響を、独自の科学的考察に基づいて展開されました。さらに二〇〇七年一〇月、ニューヨークで開かれたICBUW世界大会の科学セッションでは、ICRPを強烈に批判されました（なお、二〇〇七年一二月五日、国連の第六二期総会において、「劣化ウランを含む兵器・砲弾の使用の影響に関する決議」が圧倒的多数で採択されています）。また、放射能や劣化ウランの危険性を明らかにする教育的ビデオにも、たびたび登場しておられます。

ロザリーさんのもとには日常的にも次々と問題が持ち込まれているようです。たとえば、カナダの新しい原発計画、マンハッタン計画の残存物である放射能廃棄物による汚染の問題、ウクライナの研究者たちのチェルノブイリ被害報告への助言等々。世界中の研究者・活動家・被害者から助言と協力を求めてメールが入り、メッセージを送り続けておられます。

現在はペンシルヴェニア州ピッツバーグにある灰色修道会本部の「マザー・ハウス」に住んで、早朝の礼拝では澄んだ美しい声でシスターたちと賛美歌を歌って一日を始められるとのこと。「マザー・ハウス」の一画にあるターミナル・ケア・センターに入所中のお年寄りには、他のシスターたちと一緒にボランティアで話し相手になったり、本を読んであげたり。またロザリーさんは毎週金曜日の映画鑑賞会の担当もしておられるそうです。何よりも弱き者、一般市民の幸せに軸足をおくロザリーさんの研究・運動の姿勢は、このように地に足のついた日常生活を送っておられるからこそ生まれてくるのでしょう。

当初振津さんにロザリーさんの近況について書いていただく予定でしたが、東奔西走の超多忙な振津さんの執筆は結局諦めざるをえませんでした。しかし、その多忙の中で本書をチェックし、放射線の生物学的影響その他の専門領域に関して貴重な助言を与えてくださいました。心より御礼申し上げます。また、反原発・反核平和活動の先輩に科学的・包括的なチェックをお願いしました。あわせて厚くお礼申し上げます。また、メールで疑問点を尋ねるたびに即座に回答を送ってくださった、著者のメアリー＝ルイーズ・エンゲルス博士、ロザリー・バーテル博士には非常に多くを学ばせていただきました。

この本の価値を理解して出版を決心してくださった緑風出版の高須次郎編集長、高須ますみ副編集長には、入稿の遅れを寛恕していただいた上に、大変お世話になりました。深甚の謝意を表します。

昨二〇〇七年七月一六日、柏崎刈羽の七基の原発が中越地震に見舞われて建設時想定の三・八倍の揺れに遭遇し、危機一髪で原発震災を免れるという事態が起こりました。地震の活動期に入った日本が五五基（高速増殖炉「もんじゅ」を除く）の原発をかかえているこの現実に身震いを禁じえません。さらには地球環境が瀕死の重症となって、生きとし生けるものに襲いかかってきています。今こそ私たちは、ロザリー・バーテルさんの生き方に励まされて、それぞれが自分にできることを見出し、「地球を大切に思う人々の鎖」の一つとして、一歩でも二歩でも前に踏み出していきたいものです。

二〇〇八年三月　花冷えのころ　訳者

【索引】

【アルファベット】
ABCC　原爆傷害調査委員　64～65, 93
AEC　米国原子力委員会　45, 56, 59, 65
AECB　カナダ原子力管理委員会　127, 159, 160
AECL　カナダ原子力公社　127～130 147～48, 197
ARE　エイジャン・レア・アース　169～70
BMJ　英国医学会会報　44
CABCOM　クラーク空軍基地司令部（フィリピン）　171
CANDU　カナダ型重水炉　127～29, 142, 159～60
DNA　デオキシリボ核酸　50～51, 198
DOE　米国エネルギー省　102～03
DU　劣化ウラン　181～83, 206
ELF　極低周波　184～85
FBI　連邦捜査局　32
GMSH　聖心灰色修道尼　155
HAARP　高周波活性化オーロラ研究プログラム　184～85
IAEA　国際原子力機関　176, 178
ICRP　国際放射線防護委員会　49, 66～67, 69, 104, 139～40, 170, 176, 178, 196～98, 206
IICPH　国際公衆衛生研究所　133, 137, 140～41, 148, 151, 162, 172, 189～90
IPPNW　核戦争防止国際医師会議　163, 177
MCPH　公衆衛生を憂慮する聖職者　103～05, 107
NAC　女性の地位に関するカナダ行動委員会　157
NOW　全米女性機構　133
NRC　原子力規制委員会　109, 112～13
PPT　永久人民法廷　174, 177～78
PSR　社会的責任を果たすための医師団　177
PTFBC　基地除染のための人民タスクフォース（フィリピン）　172
RERF　放射線影響研究所　65～66, 93
UNEP　国連環境計画　186
WHO　世界保健機関　93, 171, 178

際公衆衛生研究所　133, 137, 140～41, 148, 151, 162, 172, 189～90
IPPNW　International Physicians for the Prevention of Nuclear War　核戦争防止国際医師会議　163, 177
MCPH　Ministry of Concern for Public Health　公衆衛生を憂慮する聖職者　103～05, 107
NAC　National Action Committee on the Status of Women　女性の地位に関するカナダ行動委員会　157
NOW　National Organization of Women　全米女性機構　133
NRC　Nuclear Regulatory Commission　米国原子力規制委員会　109, 112～13
PPT　Permanent Peoples' Tribunal　永久人民法廷　174, 177～78
PSR　Physicians for Social Responsibility　社会的責任を果たすための医師団　177
PTFBC　Peoples Task Force for Bases Cleanup　基地除染のための人民タスクフォース（フィリピン）　172
RERF　Radiation Effects Research Foundation　放射線影響研究所　65～66, 93　65～66, 93
UNEP　United Nations Environmental Programme　国連環境計画　186
WHO　World Health Organization　世界保健機関　93, 171, 178

【略号一覧】

ABCC　Atomic Bomb Casualty Commission　原爆傷害調査委員会　64～65, 93
AEC　Atomic Energy Commission　米国原子力委員会　45, 56, 59, 65
AECB　Atomic Energy of Control Board　カナダ原子力管理委員会　127, 159, 160
AECL　Atomic Energy of Canada Limited　カナダ原子力公社　127～130, 147～48, 197
ARE　Asian Rare Earth　エイジャン・レア・アース　169～70
BMJ　British Medical Journal　英国医学会会報　44
CABCOM　Clark Air Base Command　クラーク空軍基地司令部（フィリピン）　171
CANDU　Canadian Deuterium Uranium (Reactor)　カナダ型重水（炉）　127～29, 142, 159～60
DNA　デオキシリボ核酸　50～51, 198
DOE　Department of Energy　米国エネルギー省　102～03
DU　depleted uranium　劣化ウラン　181～83, 206
ELF　extremely low～frequency　極低周波　184～85
FBI　Federal Bureau of Investigation　米国連邦捜査局　32
GEA　Global Education Associate　地球的教育の仲間
GMSH　Grey Nuns of Sacred Heart　聖心灰色修道女　155
HAARP　High～frequency Active Auroral Research Program　高周波活性化オーロラ研究プログラム　184～85
IAEA　International Atomic Energy Agency　国際原子力機関　176, 178
ICRP　International Commission on Radiological Protection　国際放射線防護委員会　49, 66～67, 69, 104, 139～40, 170, 176, 178, 196～98, 206
IICPH　International Institute of Concern for Public Health　国

［著者略歴］

メアリー＝ルイーズ・エンゲルス

臨床心理学者。元マクギル大学精神医学部、臨床心理学部助教授。臨床指導に従事する。現在は、モントリオール・ダグラス病院センターおよびマクギル大学精神医学部付属の診療所から独立して、臨床心理センターを自営。

専門領域の共著、論文多数。

［訳者略歴］

中川　慶子（なかがわ　けいこ）

アメリカ文学・英語圏児童文学専攻。教職のかたわら「原発の危険性を考える宝塚の会」などの市民活動にかかわる。共訳書に『核の目撃者たち——内部からの原子力批判』（筑摩書房）、『父マーク・トウェインの思い出』（こびあん書房）、『マーク・トウェインのラヴレター』（彩流社）、『戦争はいかに地球を破壊するか——最新兵器と生命の惑星』（緑風出版）、共著に『英語圏の新しい児童文学』（責任編集、彩流社）、『マーク・トウェイン“生の声”からの再考』（大阪教育図書）など。

反核《はんかく》シスター――ロザリー・バーテルの軌跡《きせき》

2008年8月6日　初版第1刷発行　定価1800円＋税

著　者　メアリー＝ルイーズ・エンゲルス
訳　者　中川慶子
発行者　高須次郎 ©
発行所　緑風出版
〒113-0033　東京都文京区本郷2-17-5　ツイン壱岐坂
［電話］03-3812-9420　［FAX］03-3812-7262
［E-mail］info@ryokufu.com
［郵便振替］00100-9-30776
［URL］http://www.ryokufu.com/

装　幀　堀内朝彦
制　作　R 企 画　印　刷　シナノ・巣鴨美術印刷
製　本　シナノ　用　紙　大宝紙業　E2000

Printed in Japan　ISBN978-4-8461-0810-6　C0036

◎緑風出版の本

■全国どの書店でもご購入いただけます。
■店頭にない場合は、なるべく書店を通じてご注文ください。
■表示価格には消費税が加算されます。

戦争はいかに地球を破壊するか
最新兵器と生命の惑星
ロザリー・バーテル著／中川慶子・稲岡美奈子・振津かつみ訳
四六判上製 四一六頁 3000円
戦争は最悪の環境破壊。核実験からスターウォーズ計画まで、核兵器、劣化ウラン弾、レーザー兵器、電磁兵器等により、惑星としての地球が温暖化や核汚染をはじめとして、いかに破壊されてきているかを明らかにする衝撃の一冊。

イラク占領
戦争と抵抗
パトリック・コバーン著／大沼安史訳
四六判上製 三七六頁 2800円
イラクに米軍が侵攻して四年が経つ。しかし、イラクの現状は真に内戦状態にあり、人々は常に命の危険にさらされている。本書は、開戦前からイラクを見続けてきた国際的に著名なジャーナリストの現地レポートの集大成。

グローバルな正義を求めて
ユルゲン・トリッティン著／今本秀爾監訳、エコロ・ジャパン翻訳チーム訳
四六判上製 二六八頁 2300円
工業国は自ら資源節約型の経済をスタートさせるべきだ。前ドイツ環境大臣（独緑の党）が書き下ろしたエコロジーで公正な地球環境のためのヴィジョンと政策提言。グローバリゼーションを超える、もうひとつの世界は可能だ！

ポストグローバル社会の可能性
ジョン・カバナ、ジェリー・マンダー編著／翻訳グループ「虹」訳
四六判上製 五六〇頁 3400円
経済のグローバル化がもたらす影響を、文化、社会、政治、環境というあらゆる面から分析し批判することを目的に創設された国際グローバル化フォーラム（IFG）による、反グローバル化論の集大成である。考えるための必読書！